Xystus Schier

Die Bischöfe und Erzbischöfe von Wien

Xystus Schier

Die Bischöfe und Erzbischöfe von Wien

ISBN/EAN: 9783743334823

Hergestellt in Europa, USA, Kanada, Australien, Japan

Cover: Foto ©ninafisch / pixelio.de

Manufactured and distributed by brebook publishing software
(www.brebook.com)

Xystus Schier

Die Bischöfe und Erzbischöfe von Wien

Die
Bischöfe
und
Erzbischöfe
von Wien,

aus den Manuscripten des sel. verstorbenen

P. Xystus Schier.

Graz,

in der Kaspar Zaunrithschen Buchhandlung,

1 7 8 6.

❈ ✠ ❈

Die Vorrede
des Authors.

Sollte man nicht auch einmal
etwas ächtes von unsrer
Kirche lesen? Sollte der wienerische Bürger nicht seine geistlichen
Hirten kennen? . . . So dachte
ich, als ich mich entschloß eine Religionsgeschichte unsrer
Stadt aufzusetzen, und mit selber
die Thaten unserer preiswürdig-

ſten Biſchöfe und Erzbiſchöfe zu verbinden.

Ich machte einen ziemlich weitläuftigen Entwurf, und hofſte in kurzer Zeit etwas zu liefern, was dem faſt allgemeinen Verlangen ein Genügen leiſten würde. Doch da ich die nöthigen Beweiſe und Urkunden ſammeln wollte, fand ich kein Gehör; und eben jene, die ſich vorher über den Mangel einer wieneriſchen Kir-

chen

chengeschichte so empfindlich zeig=
ten, daß sie die Nachläßigkeit geist=
licher Personen hierüber beschul=
digten , waren ganz unerbittlich
ihre Schreine zu eröffnen. Die=
ser unerwartete gelehrte Geitz nö=
thigte mich, mein größeres Vor=
haben in eine kurze Lebensbeschrei=
bung unserer Hirten umzuändern.

Wir sind auch in diesem Fa=
che noch arm genug. Unsere Vor=
gänger haben uns so viele Fa=

beln

beln und Fehler aufgezeichnet,
daß man fast bey jedem Bischo=
fe durch das erste Jahrhundert
in Streitigkeiten eintreten sollte.
So geben, zum Beyspiel, dem
Leo von Spaur einige Geschicht=
schreiber fünf Jahre der Regie=
rung, andere drey, andere nur
zwey: Bernhard von Rohr soll
ein Bruder des Johann Erzbi=
schofs zu Gran gewesen seyn:
Urban der erste, sagen einige, seye
unter Mathias Corvinus gestor=
ben,

ben, und Johann der erste von eben diesem König ernannt worden: Bernhard der zweyte habe bis 1513 regieret : Georg soll von Sclavonia oder Slatkonia geheißen haben : Peter ein Bischof von Trient gewesen seyn, und zwar unter dem Name Urbanus : Christoph und Anton müssen, nach etwelcher Schriftsteller Meynung, ohne Zwischenraum einer dem andern gefolget seyn: Urban der zweyte wird gar zu einem Bischof

von

von Zilli gemacht: Johann Kaspar wird mit dem Zuname Lerch) genannt, der fromme Bischof Breuner heißt bey einigen Johannes: Anton Muglitz wird schon im Jahre 1558 als verstorben angegeben, und dergleichen andere Fehler, die man bey Verschiedenen mehr oder weniger antrift.

Der unermüdete Fleis des P. Leopold Fischer hat zwar die

mei=

meisten Fehler ausgemerzt; da
man aber dessen Schrift allein in
lateinischer Sprache hat, und sein
Ziel sich nur meistens auf die genauere Jahrsrechnung und Folge
der Bischöfe einschränket, wird
diese meine Arbeit nicht überflüßig seyn. Ich werde sie weder
mit Anziehung der Stellen, aus
welchen ich alles entlehnet habe,
groß machen, weder mit Wider-
legung fremder Meynungen unter-
brechen. Sie wird eine bloße Er-
zäh=

zählung seyn. Genug ist es mir, daß ich kein Ding oder Handlung als gewiß angeben werde, so sich nicht nach den Gesetzen einer gesunden Kritik bestättigen läßt.

Die

Die Ordnung der Bischöfe
und Erzbischöfe.

Bischöfe.

Leo von Spaur.

Bernhard von Rohr.

Urban Doczi.

Johann Vitez.

Bernhard Freyherr von Pollheim.

Georg von Slatkonia.

Petrus Bonomo.

Johann von Revellis.

Johann Faber.

Friederich Nausea.

Christoph Wertwein

An=

Anton von Mugliz.

Urban von Gurk.

Johann Kaspar Neubeck.

Melchior Klesel.

Anton Wolfrath.

Friederich Philipp Graf von Breu=
ner.

Wilderich Freyherr v. Walterdorf.

Emerich Sinnelli.

Ernest Graf von Trautsohn.

Franz Anton Graf von Harrach.

Franz Ferdinand Freyherr v. Rumel.

Erzbischöfe.

Sigismund Graf von Kollonitsch.

Johann Joseph Graf v. Trautsohn.

Christoph Anton Graf von Migazzi.

Von

Von der Errichtung
des wienerischen
Bißthumes und Erzbißthumes.

Daß Wien schon einen bischöflichen
Sitz gehabt hat, als es noch Fa-
biana hieß, läßt sich aus ganz richti-
gen Zeugnissen des neunten Jahrhun-
derts erweisen. Doch die Umstände
änderten sich; das Land kam unter die
Bothmäßigkeit der Hunnen; das lor-
chische Bißthum wurde nach Passau ver-
leget, und diesem alles zugeeignet, was

A   her-

hernach den Ungarn dieſſeits iſt entriſſen
worden.

Weil aber wegen allzugroßer Weit=
läuftigkeit dieſes Kirchenſprengels ein
Hirt zu wenig ſchien, waren die Her=
zoge von Oeſterreich öfters daran, einen
Biſchofsſitz in Wien zu errichten. Der
Herzog Leopold ſuchte dieſes im Jah=
re 1207: Friederich wiederholte es im
Jahre 1245: Albert der I machte im
Jahre 1306 ein neues Anſuchen: Erz=
herzog Rudolph der IV dachte ſogar,
das paſſaueriſche Bißthum hieher zu zie=
hen. Allein alle dieſe Bemühungen wur=
den vereitelt.

Endlich gieng Kaiſer Friederich der
IV zu Ende des Jahrs 1468 nach Rom.
Man wußte die eigentliche Urſach dieſer
Reiſe nicht. Einige glaubten, ſie geſche=
he vermög eines Gelübdes, welches er in
der Belagerung zu Neuſtadt gemacht
hätte. Andere vermeinten, er ſuche
Hilf wider die andringende Macht der
Türken. Gewiß iſt es, daß er von Paul
                                    dem

dem II die Errichtung des wienerischen
Bißthums erlanget hat. Die päpst=
liche Bulle wurde den 18 Jäner 1469
ausgefertiget. Allein auch damals fan=
den sich neue Hinderniße. Ulrich der
Bischof zu Passau bemühete sich äußerst,
dieses Werk zu hintertreiben, so daß
er auch die Wieneruniversität dawider
aufzubringen suchte. Es fehlte auch
gleich Anfangs an hinlänglichen Mitteln,
dem Probste und dem Dechant neue
Renten auszuweisen, weil nämlich ihre
vorigen Einkünfte für das Bißthum
schon bestimmet worden.

Doch der Widerspruch des Ersten
wurde nicht geachtet; und das Zweyte
wurde gehoben, da man dem Probste die
Pfarr zu Bertholdsdorf, und dem De=
chant die Pfarre St. Othmar zu
Medling anwies. Alles dieses bestät=
tigte Sixtus der IV, römischer Papst,
mit einer Bulle vom 11 des Brach=
monats 1475. Doch der bald darauf er=
folgte ungarische Krieg, die harte Bela=
gerung der Stadt, die Hinwegnehmung

als=

aller bischöflichen Einkünfte und andere Beschwerden machten neue Verzöge= rungen, bis endlich 1480 die gänz= liche Errichtung eines bischöflichen Si= tzes erfolgte.

Es hatten sich eben damals die Dom= herren zu Passau nach dem Tode Ulrich ihres Bischofs gespaltet, da ein Theil den Georg Heußler, der andere aber den Friederich Maurkircher zum Bischof ver= langte. Georgen stund der Kaiser Frie= derich bey. Die wienerische Feyerlichkeit aber wurde den 17ten des Herbstmonats, als am sechszehnten Sonntag nach Pfing= sten vorgenommen, da zugleich das Fest des heiligen Lamperts, Martyrers und Bischofs zu Utrecht, einfiel. Der päpst= liche Nuncius cum potestate Legati a latere, Alexander Bischof zu Forli, kam nach St. Stephan, nahm all= dort mit bischöflicher Kleidung ange= than, und von 16 Diakonen sammt der ganzen Klerisey umgeben, seinen Sitz vor dem Hochaltar: an der Seite setzte sich der andere Legat, welcher sich

in

in ſalzburgiſcher Zwiſtigkeit zu Wien
befand. Da nun der Nuncius durch
die Notarien erſuchet worden, die päpſtlichen Bullen zu verkündigen, ließ er dieſes durch ſeinen Sekretär laut, klar,
und deutlich geſchehen ; gleich hernach
iſt auch auf eben durch die Notarien
geſchehene weitere Bitte die Erklärung
des neuen Probſtes Thomas Prelokar
von Cilia vorgenommen worden.

Nach Vollendung deſſen hielt der
Nuncius einen Umgang durch die Kirche, und einen guten Theil der Stadt:
ihm folgte der Erzbiſchof von Gran,
Johann Peckenſchlager, damaliger Verwalter dieſer Kirche, mit dem andern
Legaten, die kaiſerlichen Räthe, der
Adel, die Univerſität nach damaligem
Gebrauche mit ihren Schülern, Bacca-
laureen, Magiſtern und Doktorn, ſammt
allen Ordensgeiſtlichen. Die Bullen wurden durch die Notarien getragen. Nach
der Zurückkunft in die Kirche befahl der
Nuncius, beyde Bullen an das Kirchthor
unter dem neuen Thurm (dem unaus-

A 3   gebau-

gebauten nämlich) durch die Notarien
öffentlich anzuheften, sang hernach ein
Lobamt vom heiligen Geiste am Hoch-
altare, und beschloß mit selbem die
Feyerlichkeit.

Das paſſaueriſche Konſiſtorium begab ſich darauf von Wien hinaus nach
Heiligenſtatt. Der wieneriſchen Geiſtlichkeit wurde durch kaiſerliche Abgeord-
nete angekündiget, daß ſelbe ins künfti-
ge denjenigen, welcher der wieneriſchen
Kirche wird vorgeſetzet werden, als ihren
Biſchof erkennen ſolle. Eben dieſes wurde auch der Univerſität am Vorabend
des heil. Matthäus zugeſchicket. Weiters legte man anſtatt des paſſaueriſchen
ein neues geiſtliches Gericht an, und
der erſte Official war Leopold Pranz,
beyder Rechten Doktor, Domherr zu
Wien, und vormaliger Profeſſor der
Rechte. Auch die Zahl der Pfarrer, die
dieſem Bißthume künftighin untergeben
ſeyn ſollten, wurde feſtgeſtellet; doch iſt
hierinnfalls nach der Zeit ein und anders durch Verträge abgeändert worden.   Die

Die Hauptſache verblieb alſo nach dieſen Einrichtungen, bis im Jahre 1722 den 1 Brachmonats die wieneriſche Cathedralkirche zur Metropolitane erhoben, und das vorher befreyte Neuſtädterbißthum derſelben unterworfen worden. Die Verkündigung der päpſtlichen Bulle geſchah aber erſt folgendes Jahr den 24 Hornung am Feſte des heil. Apoſtels Mathias, bey welcher der Neuſtädterbiſchof Johann Mauriz Graf Manderſcheid von Blankenheim dem bisherigen Biſchofe zu Wien, Sigiſmund Grafen von Kolloniz, das Pallium umgab. Die Dióces wurde bey dieſer Gelegenheit mit Abtrettung vieler Pfarren von Paſſau an Wien erweiteret. Fünf Jahre hernach, nämlich 1728, wurde auch der zweyte Suffraganeus beſtellet, alſo daß der Official und Generalvikarius allzeit Biſchof ſeyn ſollte.

Bi=

Die
Bischöfe.

Leo von Spaur.
Um das Jahr 1480.

Leo war aus einer adelichen, nun gräf=
lichen, Familie von Spaur in Tyrol
gebohren. Nach vollendeten Studien
hat er die Würde eines Doktors der
geistlichen Rechte erhalten, und der Kai=
ser machte ihn zu seinem besonderen Rath.
Im Jahre 1464 wurde er sowohl vom
röm. Papste, als vom Kaiser zur bi=
schöflichen Würde zu Brixen ernannt.
Weil er aber da viele Streitigkeiten fand,
so gieng er sieben Jahre hernach aus Ty=
rol nach Oesterreich, übernahm da die
Pfarr zu Bertholdsdorf, und war im
Jahre 1471 in Wien den 27 Weinmo=
nats zugegen, da die Universität wegen
der Erwählung Sixtus des IV bey den
PP. Dominikanern ein Dankfest hielt.

Kai=

Kaiser Friederich benannte ihn für das
in Wien bald zu errichtende Bißthum.
In der Nachricht von der St. Dorothee-
kirche wird gemeldet, daß bey Einwei-
hung derselben. den 11ten des Christmonats 1473 nebst einer Menge vorneh-
mer Personen auch der Bischof von Wien
zugegen gewesen seye, der kein anderer
als der Leo kann gewesen seyn. Man
merkte an ihm immerdar eine ganz be-
sondere Bescheidenheit. Nicht minder
ist es ein Denkmaal des guten Beyspie-
les für seine Pfarrkinder, daß er sich in
ihre andächtige Versammlung hat ein-
verleiben, und in offentlichen Briefen den
obersten Bruder der Allerheiligen-Ze-
che (Bruderschaft) schreiben wöllen.
Alle bisherigen Schriftsteller, ob sie schon
in der Bestimmung der Zeit sehr unter-
schieden sind, geben ihn für den ersten wienerischen Bischof an; es steht auch sein
Bildniß in der Metropolitankirche am ersten Orte; und in dem Verzeichnisse der
wienerischen Bischöfe wird sein Hintritt
aus diesem Zeitlichen auf das Jahr 1485
angesetzet; ob es schon scheinet, daß er frü-
her müsse gestorben seyn.   Bern-

Bernhard von Rohr.
1481.

Johann der Erzbischof von Grän hatte sich 1476, wegen Ungnade seines Königs Mathias, nach Wien geflüchtet, und vom Kaiser 1477 allda die Verwaltung der Probstey bekommen. Dieser Erzbischof besorgte in Wien nachmals entweder wegen des erfolgten Todes des Bischofs Leo, oder wegen dessen Unpäßlichkeit auch das bischöfliche Amt. Ja ich wäre sehr geneigt, diesen Johann unter die Bischöfe und Verwalter des Bißthums Wien zu zehlen, wenn ich nur eine Stelle zeigen könnte, daß er sich hievon geschrieben habe. Wolfgang Laz, unser berühmter Geschichtschreiber, ist in seinen späteren Schriften selbst auf diesen Gedanken verfallen; und es läßt sich aus dem Verhalten des Bernhards von Rohr merken, daß er die Annehmung der wienerischen Infel nur als einen Tausch mit Johann angesehen habe; weil er sich ausdingte

dingte, in alle deſſen Gerechtſame einzu‐
treten. Doch ich will hierinnfalls kei‐
ne Neuerung machen, und es iſt mir
genug meine Meynung angedeutet zu
haben.

Was nun den Bernhard von Rohr
betrifft, war er ein adelicher Oeſterrei‐
cher. In ſeiner Jugend trat er in das
Kloſter der regulirten Chorherren des
heil. Auguſtins zu St. Pölten, hielt ſich
hernach auch eine Zeit lang in der Prob‐
ſtey zu Seckau auf, und wurde endlich
Pfarrer zu Salzburg. Seine Liebe ge‐
gen die Geiſtlichkeit, ſeine Ehrerbiethig‐
keit gegen die heiligen Oerter, und ſeine
demüthige Andacht zu der allerwürdig‐
ſten Mutter Gottes leuchteten dergeſtal‐
ten hervor, daß er im Jahre 1466 den
25 Hornung zum Erzbiſchofe zu Salz‐
burg erwählet worden. Doch er war
nicht der Mann, der taugliche Schul‐
tern hatte, ſolche Laſt zu tragen. Es
äußerten ſich viele Beſchwerden, beſon‐
ders wegen der ihm unterſtehenden vier
Bißthümer Gurk, Chiemſee, Lavant,

und

und Seckau, derer Benennung man ihm
in gewissen Zufällen streitig machen woll=
te. Bernhard hierüber ganz unzufrie=
den, beschloß seine Würde auf Sixtus
Tanberger, den er fruchtlos zur gurki=
schen Insel ernannt hatte, zu über=
tragen.

Allein er gieng nicht vorsichtig genug
zu Werke. Er eröffnete dieses sein Vor=
haben im Jahre 1470 auf dem Landta=
ge der steyerischen, kärnthnerischen und
krainerischen Provinzen zu Völkenmarkt
dem Kaiser; und ließ sich bereden, das
Bißthum jenem zu übergeben, den der
Kaiser vorschlagen würde: doch sollte es
unterdessen geheim seyn. Die Ruhe er=
hielt er hiemit dennoch nicht. Er hat=
te sich vor den Türken zu fürchten; mit
Bayern bekam er Verdrüßlichkeit; er
zerfiel auch mit dem Abte zu St. Pe=
ter, und mit Casparn Stubenberger, dem
Probste seines Kapitels. Jener ver=
klagte ihn zu Rom, dieser aber suchte
sein Recht beym Kaiser, der damals we=
gen des Einbruchs des Königs von Un=

garn

garn sich zu Linz aufhielt. Nun wurde eben Bernhard von den bayerischen Fürsten und Bischöfen an den Kaiser gesandt. Der Kaiser ergriff also die Gelegenheit; stellte Bernharden die Beschwerden vor, die von allen Seiten auf ihn drangen; zeigte ihm, wie leicht nun die Erledigung seye, weil ihn Johann Erzbischof von Grän alsogleich ablösen könnte; beschrieb ihm, wie er einen viel ruhigeren Sitz in dem wienerischen Bißthum haben würde. Der von Grän trug ihm einen jährlichen Geldbeytrag, und die Einlösung der verpfändeten salzburgischen Güter an.

Doch Bernhard wollte ohne Vorwissen der Seinigen nichts thun, und gieng ohne Entschluß nach Salzburg zurück. Einige Tage hernach bey einer kleinen Verdrüßlichkeit beschloß er auf einmal die Uebergabe; sandt Gebhart Prusser seinen Statthalter zum Kaiser, kam bald darauf selbst zu ihm nach Grätz, und bekräftigte die Sache. Aber noch selben Tag reute es ihn, und er wollte
es

es ohne Bewilligung seines Kapitels nicht gelten laſſen. Dieſes aber widerſetzte ſich, und drang auf die Wiederrufung des ganzen Geſchäfftes.

Hierauf kam es zu Gewaltthätigkeiten. Firederich, über dieſe Unbeſtändigkeit aufgebracht, fieng an, die Güter des Erzbiſchofs einzuziehen. Bernhard und mit ihm Chriſtoph, Biſchof von Seckau, begaben ſich unter den Schutz des Königs von Ungarn, der ſogleich die ſteyeriſchen und kärnthneriſchen Güter beſetzte. Weder die päpſtliche noch anderer Fürſten Vermittlung war fähig den Frieden herzuſtellen, bis endlich Bernhard, der Feindſeligkeiten müde, am Ende des Jahrs 1481 nach Wien gieng, und folgenden Vertrag unterſchrieb: Johannes ſollte die ſalzburgiſche Kirche verwalten, ihm Bernharden aber der Titel eines Erzbiſchofs verbleiben; die Stadt Titmaning ſollte ihm lebenslang mit allen Einkünften überlaſſen werden; Johann ſollte ihm noch jährlich 4000 Gulden beyſteuern, und der Kaiſer

ſer die Verwaltung des Wienerbiß=
thums dazu geben.

Wahrſcheinlich iſt Bernharden gleich
dazumal das wieneriſche Bißthum über=
geben worden: wenigſtens wurde ihm die
bisherige Probſtey in Wien zur Wohnung
angewieſen; hingegen ſind dem Probſte
am Samſtag vor heil. drey Könige, das
iſt am 5ten Jäner, in der Weichenburg
zwey Häuſer eingeräumt worden. Die
Uebergab des Erzbißthums aber geſchah
zu Salzburg nicht ohne Widerſpruch den
14 Jäner 1482.

Mit ſolcher Weitläuftigkeit bekam
endlich Wien auch wieder einen Hirten,
den es aber nicht lang geſehen hat; denn
Bernhard gieng nach Titmaning, und
überließ die ganze Sorg und Verwal=
tung anderen tauglichen Männern. Das
geiſtliche Weſen beobachtete ſorgfältig
der Official Leopold Pranz, ein in al=
ler Litteratur wohl erfahrner Mann.
Die Kanzlerſtelle, welche Bernhard als
einen Anhang des mit Johann gemachten
Tau=

Tausches ansah, vertrat durch zwey Jah=
re M. Andreas Schüssel von Potten=
brun, Doktor der Theologie, Professor
und Domherr allhier, oder wann dieser
verhindert war, ein andrer, den der Of=
ficial benannte: doch dieses letztere hörte
im Jahre 1484 auf; denn da der Probst
sein altes Recht hervorsuchte, und die
Sache zum Kaiser kam, fällte dieser den
Schluß wider den Bischof, und der Probst
kam wieder zu seinem Amte.

Uebrigens war in Wien nicht viel
zu machen, weil man mit den Ungarn
alle Hände voll zu thun hatte, wie denn
auch endlich die Stadt nach ausgestan=
dener äußersten Hungersnoth 1485 zu
Ende des May sich denselben ergeben
mußte. Durch diesen Zufall wurde
Bernhard ganz von Wien ausgeschlos=
sen, weil ihm Mathias der König, wegen
Verlaffung seiner Parthey und Ueber=
gabe des salzburgischen Erzbißthumes an
Johann, abhold geworden war. Es
dauerte aber dieses nicht lang, denn
Bernhard gab am 21 des Märzens 1487

zu

zu Titmaning, als er an der Tafel faß,
vom Schlage getroffen, seinen Geist auf.
Sein Leichnam wurde nach Salzburg
gebracht, und in der Domkirche bey der
allerseligsten Jungfrau Altare begraben.
Er war ein gottesfürchtiger, aber sonst
höchst unbeständiger Mann. Er ist früh=
zeitig grau geworden, welches bey so
vielen Beschwerden nicht zu bewundern
war. Nach seinem Tode blieb das Biß=
thum über ein Jahr leer stehen.

Urban Doczi.
1488.

Die ungarischen Jahrbücher sind voll
mit Lobsprüchen, welche sich Ur=
ban verdienet hat. Unter den älteren
Geschichtschreibern haben sich besonders
Bonfinius, und Galeotus Martius für
dessen Ruhm verwendet; unter den neue=
ren aber alle, die entweder die Groß=
thaten des Königs Mathias Corvinus
beschrieben, oder von den Bischöfen zu
Sirmien, Erlau, und Raab, oder

B   von

von den Palatinen des Reichs gehandelt
haben. Er war zu Nagy luche, eine
Meile unter der Insel Schütt am Grän=
fluß, gebohren. Seine Familie, die aus
Siebenbürgen war, ist voriges Jahrhun=
dert ausgestorben. Sein unermüdeter
Fleiß für die Ehre des Königs, nnd
für das Wohl seines Vaterlandes, sei=
ne Geschicklichkeit und Vernunft, wel=
che auch Dinge, die unmöglich schienen,
ausführte, seine Geduld in schwersten
Umständen und Arbeiten, seine allzeit
hervorleuchtende Weisheit machten, daß
ihn Mathias ganz ausnehmend liebte,
und mit Würden überhäufte.

Und gewiß, wenn man die Sache
ohne Vorurtheil betrachtet, hatte Ma=
thias das unterworfene Oesterreich gro=
ßen Theils diesem Urban zu danken; denn
erstens, als sich die Belagerung der
Gränzestadt Hamburg wegen tapferer
Gegenwehre der Bürger und Besatzung
im Jahre 1482 in die Länge zog, und
bey der Armee schon Mangel am Volk und
Geld sich äußerte, verschaffte Urban noch

zu

zu rechter Zeit Hilf: innerhalb fünfzig
Tagen brachte er 5000 Mann und hin-
längliches Geld in das Lager, über
welchen Fleiß und Eilfertigkeit sein König erstaunend aufgerufen: Ganz Ungarn hat in hundert Jahren keinen solchen Mann gebohren. Auch Neustadt
hätte sich ungeachtet des Abgangs aller
Nothwendigkeiten noch länger widersetzet,
wenn nicht Urban auf Ansuchen des
Königs frische Truppen herbeygeführet
hätte. Kein Wunder ist es also, daß auch
die Belohnungen für solche Dienste nicht
klein waren. Mathias machte ihn stuf-
fenweis zum Bischofe zu Sirmien, zu
Wardein, zu Raab, zu Erlau; er gab
ihm die Stelle eines königlichen Schatz-
meisters, eines Kronhüters, eines Statt-
halters, welches die Stelle eines Pa-
latins und die erste nach dem König ist.

Weil nun die Wienerkirche durch
den Tod Bernhards von Rohr ohne
Haupt war, gebrauchte sich Mathias
auch dieser Gelegenheit seinen Urban mit

B 2   noch

noch einer Würde zu beehren. Als
Herr dieser Stadt ernannte er ihn zum
Vorsteher des Bißthums, welches auch
Innocenz der VIII, römischer Papst,
mit einer Bulle bestättiget, Kraft welcher
Urban im Jahr 1488 am Sonntag vor
dem Feste des heil. Martyrers Geor=
gius, das ist den 20 April, öffentlich
als Administrator des wienerischen Biß=
thums verkündiget worden. Man hat
unterschiedliche Denkmaale seiner bischöf=
lichen Sorge und Wachsamkeit für diese
Kirche.

Das vornehmste ist, daß er im Jahre
1489 das Fest der Empfängniß der al=
lerseligsten Mutter Gottes feyerlich zu
begehen befohlen hat; denn ob man schon
seit mehr als hundert Jahren dieses Fest
allhier begangen, und die Universität,
vermög ihrer Gesetze, selbes jährlich mit
einer Station und feyerlichen Oration
geheiliget hatte, so gieng doch dieses nur
die Geistlichkeit und den Chor an; Ur=
bans Ehrerbiethigkeit aber gegen die gött=
liche Mutter hat sich in größerer Aus=
brei=

breitung dieſer Andacht verewigen
wollen.

Sonſt hatten die Andachten durch
Vorſchub dieſes Hirtens ihren Fortgang
wie vormals, denen auch Beatrix die
Königinn, wenn ſie in Wien war, bey-
zuwohnen pflegte.

Die Geiſtlichkeit genoß ganz ruhig der
Hulde des Königs, beſonders die WW.
EE. PP. Franziskaner, derer Schutz
für die ungariſche Provinz Urban gleich
nach dem Antritte des wieneriſchen Bißthums auf Anhalten des Papſtes angenommen hatte. Dieſe Väter können
noch ein Meßbuch aufweiſen, welches ihnen Mathias mit beygemaltem ſeinen
Bildniß damals geſchenket hat.

Weil aber die äußerlichen Unruhen
noch immer fortdauerten, und ſomit den
innerlichen Frieden merklich ſtörten,
war es für Urban ganz erfreulich, als
ſich Mathias ſeiner zur Ausgleichung
der Irrungen, als eines Geſandten, ge-

B 3   brauch-

brauchte. Mit den kärnthnerischen und
steyerischen Landesständen gieng dieses
Geschäft so ziemlich vonstatten, mit den
übrigen aber verzog es sich länger. Ich
werde mich nicht betrügen, wenn ich
glaube, Urban, der schon nach der Ueber=
gab der Stadt Wien an die Ungarn
bey seinem König für die Universität die
Gnad erwirket hatte, daß dieselbe den
gewöhnlichen, und schon auf den 24
Brachmonats festgesetzten Eid der Treue
nicht hat ablegen müssen, habe auch gro=
ßen Theil an jenem Großmuthe gehabt,
den der König kurz vor seinem Tode in
Wien eben dieser gelehrten Gemeinde ge=
zeiget hat. Es hatte sich die theologi=
sche Fakultät schon vor mehr Jahren
mit Johann Kaltenmarkter, der geistli=
chen Rechte Doktorn und Professorn, ei=
niger harten Ausdrücke wegen, zerschla=
gen. Nach vielem Streiten trieb es
endlich der Glaubensrichter dähin, daß
in der Burge in Gegenwart des Königs
und der Königinn zu Ende des Mer=
zens 1490 eine öffentliche Disputation
hierüber bestimmet wurde. Doch der

Kö=

König wollte nicht, daß an diesem Or=
te solche Sätze, so die Verordnungen
der Kirche betreffen, sollten auf die Bah=
ne gebracht werden: er wies sie auf den
gegenwärtigen päpstlichen Gesandten,
Angelus Bischofen zu Orta, an, dieser
machte auch hierüber den entscheidenden
Schluß den 13 April, neun Tage näm=
lich nach dem Tode des Königs, welcher
unterdessen den 4ten dieses Monats zu
Wien in Gegenwart Urbans und vieler
Magnaten seinen Geist aufgegeben hatte.

Gleichwie nun die einzige Ursach,
warum Urban in Wien war, dieser Kö=
nig gewesen, also begleitete er sogleich
dessen Leichnam nach Stulweißenburg,
und wohnte den Leichbegängnissen bey,
da man unterdessen zu Wien diesem Kö=
nig nur eine Ehrenleiche gehalten hatte.
Urban berufte hierauf den Adel auf das
Feld Rakos zusamm, und trug durch seine
theils zu Pest in unsrer lieben Frau Kir=
che, theils zu Ofen auf St. Georgen
Platz gehaltenen ungarischen Reden nicht
weniges bey, daß die Einigkeit erhalten,

B 4　　　　　und

und Ladislaus zum König erwählet wur=
de. Er empfieng diesen bey seiner An=
kunft zu Ofen mit einer zierlichen An=
rede, und wohnte hierauf den 21 Herbst=
monats der Krönung zu Stulweißen=
burg bey.

Nach glücklicher Vollendung dieses
Geschäftes wollte Urban seine Hofarbei=
ten schließen; er legte das Schatzmeister=
amt, und alle anderen Reichsstellen ab,
damit er sich seinem erlauischen Biß=
thum ganz widmen könnte; denn vom
wienerischen hatte ihn Maximilian schon
ausgeschlossen. Allein man hatte seiner
noch weiters nöthig, und er ließ sich wie=
derum zum Nutzen des Vaterlandes
brauchen, obschon sein Alter und Gesund=
heit die Ruhe foderten. Ladislaus schick=
te ihn in geheim nach Comorn zu Jo=
hann Corvinus, selben von der Parthey
Maximilians des römischen Königs ab=
zureden, welches auch wohl gelungen hat.

Weiters hat Urban 400 Soldaten
zu dem königlichen Heere gesandt, wel=
ches

ches die Rechte des Königs Uladislaus
wider seinen Bruder Albert, Prinzen
von Polen, behaupten sollte. Das Jahr
darauf führte er selbst zur Belagerung
Stulweißenburgs 600 Reiter, und gieng
nicht ehe aus dem Lager, bis diese Krö-
nungsstadt wieder unter ihren König gekommen. Er hätte auch noch mit
Stephan Grafen von Zips die Sorge
für Oberungarn tragen sollen, damit es
von den feindlichen Anfällen der Polen
sicher gestellet würde; doch seine Kräften waren durch das Alter, durch Arbeiten und Krankheiten also geschwächet,
daß er endlich unterlag, und zu Anfang
des Jahres 1492 sein Leben endigte. Er
wurde zu Erlau in der Kirche des heil.
Apostels und Evangelisten Johannes
vor dem Kreuzaltar begraben. Stephan
Crispus Bischof zu Sirmien, Urbans
Schwester Sohn, ließ ihm ein prächti-
ges Grabmaal aufrichten, welches aber
durch türkische Verheerung zernichtet
worden.

Die

Die mit ihm gelebet haben, geben
umſtändliche Nachrichten von ſeiner Perſon. Sie ſagen, er ſeye groß, fett, eines ehrwürdigen und redlichen Anſihens
geweſen: er habe die Seinigen viel ge-
liebet, ſeye den Freunden ſehr ergeben,
und überaus dankbar geweſen; er habe
den Müßiggang höchſt geſcheuet: von
30000 Goldgulden ſeiner jährlichen Einkünfte habe er nichts für ſich behalten,
als was ihm zum Leben und Kleidung
nöthig war, und auch in ſeiner Kleidung ſeye er ganz gemein geweſen, das
übrige habe er zur Ehre Gottes, und
zum allgemeinen Nutzen angewendet.
Man weis, daß er ſeine erſte Kirche,
die raaberiſche nämlich, neu erbaut, und
mit ſilbernen Kelchen verſehen hat. Auch
die zweyte, zu Erlau, hat er reichlich
mit Meßkleidern, Pluvialen, Teppichen
von Purpur und Seide, mit koſtbarem
Aufbutze der Altäre eingerichtet; und
hätte hierinnfalls noch mehr gethan, wenn
er länger gelebt hätte. Noch andere
genoßen von ſeiner Freygebigkeit. In
der Wieneriſchen überhob ihn Mathias,

und

und führte den noch nicht vollendeten Bau der großen Fraukapelle in der Cathedralkirche fort. Den Armen war Urban mildreich; die Unbilden wußte er nachsichtlich zu übertragen; im Glück und Unglücke war er sich gleich; den Wissenschaften allzeit geneigt: ja er unterhielt auf seine Unkosten viele, damit sie durch ihre Studien dem Vaterlande zu dienen fähig würden. Seine Mäßigkeit, Gerechtigkeit, Freundlichkeit, Großmuth, Eingezogenheit, und höchst bescheidenes Betragen in allen seinen Würden hat ihm eine allgemeine Liebe bey allen Ständen erworben.

Jo=

Johann Vitez.

1490.

Noch eben im selben Jahre, in welchem
Urban nach dem Tode seines Königs
Mathias von Wien abgezogen, hat Maximilian der römische König und Sohn
Friederichs diese Stadt nach einer kleinen Gegenwehr der Ungarn wiederum
zurückbekommen. Zur Verwaltung des
Bißthums bestellte er den Seckauerbi-
schof Mathias auf eine wenige Zeit. Als
Maximilian nach Stulweißenburg gieng,
seine Rechte auf das Königreich Ungarn
zu betreiben, suchte er mit allem Fleise
den Bischof von Veszprim Johann Vitez auf seine Seite zu lenken. Er ver-
sprach ihm, falls er bey üblem Aus-
schlage der Sachen sein Veszprimerbiß-
thum einbüßen sollte, zur Schadloshal-
tung die Insel zu Wien. Johann suchte bey diesen gefährlichen Einladungen
unter der Hande um Hilfstruppen bey
dem neuen König Ladislaus an; da ihm

aber

aber derſelbe keine ſchicken konnte, über⸗
gab er im Wintermonat dem römiſchen
König die Stadt, weil ſelber nun auch
ſchon mit harten Drohungen an ihn ge⸗
ſetzet hatte. Darauf wurde er als neuer
Verwalter, oder wohl gar als wirkli⸗
cher Hirt des Bißthums Wien ernannt,
ob er ſich ſchon ſelbſt nur Commendator
Ecclesiæ Viennensis perpetuus ſchrieb;
denn es fängt unter anderen der Dispen⸗
ſationsbrief, in welchem er dem Georg
Kanyſa und der Klara von Roſzgon die
Heurath im zweyten Grade der Anver⸗
wandtſchaft erlaubet, alſo an: Nos Joan-
nes Vitez Dei & apostolicæ Sedis gratia
Episcopus Vesprimiensis & ejusdem loci
Comes perpetuus, ac Aulæ reginalis Ma-
jestatis Regni Hungariæ supremus Can-
cellarius, Viennensisque Ecclesiæ Com-
mendatarius &c. Datum in Castro Sar-
var, feria VI proxima post festum B.
Georgii Martyris Anno 1497.

Folgendes Jahr, das iſt, 1491 wur⸗
de Johann in den zwiſchen Maximilian
und Ladislaus zu Ofen am Nikolaus⸗
tag

tage geſchloſſenen Verträgen gleich Anfangs in ſeinem Veſzprimerſitze und Rechten beſtättiget.

Im Jahre 1493 den 7 Chriſtmonats hielt er bey der Leichbegängniß Kaiſers Friederich des III, nachdem der Erzbiſchof von Salzburg das Todtenamt geſungen hatte, das zweyte oder das Lobopfer; hiebey wurden ihm alle Wappenſchilde der Länder und alle Standarten, die vorher beym Leichenzug mitgetragen worden, zum Opfer dargebracht, ſelbe hat Johann zur ewigen Gedächtniß in der Domkirche aufrichten laſſen; und man ſieht ſie dermalen in der Höhe auf großen hölzernen Balken angehäftet. Beym Einzug in die Kirche, wo der röm. König, die Fürſten, und Grafen des Reichs, wie auch die unter Oeſterreichs Schutz ſtehenden Biſchöfe Chriſtoph von Paſſau, Georg von Chiemſee, Mathias von Seckau, Auguſtin von Neuſtadt, und der Suffraganeus von Gurk zugegen waren, ließ Mathias, Biſchof von Seckau, dem römiſchen König Maximilian

zu

zu gefallen, dem Wienerifchen den Vor=
.rang, damit aber diefe Höflichkeit dem
Seckauer nicht zum Nachtheil gereichte,
hat Maximilian das Jahr darauf gar
ein Diplome diefer Sache wegen heraus=
gegeben.

Johann hat in eben diefem Jahre
die Verordnung feines Vorfahrers Ur=
ban wiederum erneueret, daß nämlich
in der ganzen Wienerdiöces das Feft der
Empfängniß Mariä vom ganzen Volke
mit Unterlaffung aller knechtlichen Ar=
beit gefeyert werden folle. Seine Be=
mühungen für die Ehre Gottes und den
Aufnahm der wahren Kirche waren fo
groß und einleuchtend, daß ihm auch die
Religionsfeinde diefes Lob zuerkannt
haben.

Beym Landtage zu Ofen 1405 ift
er mit zween anderen ernannt worden,
die allzugroße Menge der Gefetze zu ver=
mindereň. Er erhielt auch in diefem Jah=
re vom König Ladislaus die Freyheit,
eine

eine Schiffbrücke über den See Bala-
ton zu halten.

Sein Wappen hatte im ersten und
vierten Felde das Zeichen des wienerischen Bißthums, im zweyten und drit-
ten aber einen Bären oder Wolf mit
einem Pfeile durch den Hals, der seine
Familie anzeiget. Er war aus Skla-
vonien gebürtig, und des Kardinal Erzbischofs zu Grän, der eben Johann Vitez hieß, Brudersohn, und starb im
Jahre 1499.

Bernhard
Freyherr von Pollheim.
1499.

Er nahm den Gradus in den Rechten, und wurde 1478 Rektor der Universität zu Padua, hernach Kanonikus zu Passau; 1493 Pfarrer zu Traunkirchen, und 1499 Probst zu St. Margareth von Dömes im Gränerkomitat. Er war nicht wirklicher Bischof zu Wien, sondern Verwalter des Bißthums; denn er hat die höheren Weihen niemal angenommen, ob er schon mit ausnehmender Tugend und Gelehrsamkeit begabet war. Den 13ten Jänner 1504 starb er im 48sten Jahre seines Alters, und im fünften seiner Verwaltung. Sein Leichnam ist zu Wels in der Grabstatt seiner Familie beygesetzet worden.

E   Georg

Georg von Slatkonia.

1513.

Nach dem Tode Bernhards von Poll=
heim ist die Kirche zu Wien fast
10 Jahre ohne wirklichem Oberhaupte
geblieben, biß nämlich 1513. Georg von
Slatkonia, von Laybach in Krain ge=
bürtig, zum Bischof zu Wien ernannt,
und vom Papst Leo dem X bestättiget
worden. Vorher ist er Kanonikus und
1497 Probst zu Laybach gewesen. Er
hat auch nach dem Tode Georgs Manin=
ger Bischofs zu Biben oder Petina in Hi=
sterreich 1501 die Administration die=
ses Bißthums gehabt; wurde weiters
Kaisers Maximilian Rath und Cantor.
1514 hat er die Kapelle im Mölkerhof
geweihet. Er wird in seiner Grabschrift,
die in der Stephanskirche bey dem Al=
tare des heil. Antonius (vorher des heil.
Brictius) steht, wegen seiner Religion,
Eingezogenheit und Redlichkeit über al=
le seine Vorfahrer erhoben. Im Jahre

1724 war noch von ihm ein Ablaßbrief
für die wiener. Fronleichnamsbruder-
schaft vom 18ten Brachmonats 1515
zu sehen, der wohl noch übrig seyn mag.

Eben dieses Jahr hielt er bey St.
Stephan das Hochamt in Gegenwart
einer solchen Menge gekrönter Häupter,
und geistlicher Vorsteher, dergleichen
man kaum jemals in Wien mag gese-
hen haben; denn es waren da beysam in
der Kirche der Kaiser Maximilian, Sigismund König in Polen, Ladislaus König in Ungarn mit seinem Sohn Ludwig, dem Bräutgame der Infantinn
von Kastilien Maria, und mit seiner
Tochter Anna, des Erzherzog Ferdinands
Braute, Thomas Erzbischof zu Grän,
Matthäus Bischof zu Gurk, die Erzbischöfe von Colocza und Bremen, Georg
Bischof zu Fünfkirchen, Mathias zu
Breslau, Stanislaus zu Olmütz, Johannes zu Regenspurg, Ladislaus zu
Waizen, Wigoläus zu Passau, Christoph zu Laybach, Petrus zu Primis-

lau:

lau, Michael in Bosnien, und Berthold
zu Chiemſee Biſchöfe.

Den oben gemeldeten Altar des heil.
Brictius hat er gebauet, und ſich dabey
auch ſein Grab ſchon bey Lebzeiten ver=
fertigen laſſen. Er wurde 66 Jahre,
1 Monat und 5 Tage alt, und ſtarb
1522 den 26 April.

Petrus Bonomo.
1522.

Niemand meldet dieſen Mann, der
ihn nicht auch wegen ſeiner ganz
beſonderen Eigenſchaften anrühmte. Er
war aus dem edlen Patriziergeſchlecht
Buonuomo zu Trieſt erzeuget, ſein Va=
ter war Johann Anton Bonomo. Er
ſtudirte zu Padua, wo er auch die grie=
chiſche Sprach erlernte. Nach vollen=
deten Studien kam er zu dem Wiener=
hof, leiſtete da ſo vortrefliche Dienſte,
daß er zu höchſten Stufen aufſtieg; wie
er denn dort die Aemter eines gehei=
men

men Sekretärs, Raths und Kanzlers
nach und nach erhielt.

Anfangs verheurathete er sich mit
einer Fräule Margareth von Rosenberg,
die ihm aber in der Blüthe ihrer Jahre verstorben, nachdem er mit ihr einen
einzigen Sohn, Ludwig mit Namen, erzeuget hatte, dieser Sohn ist nachmals
von Kaiser Karl dem V mit Ueberrei-
chung goldner Sporne zum Reichsrit-
ter (Eques auratus) gemacht worden.
Petrus nahm hernach die Weihen, wurde nach der Zeit vom Kaiser Friederich
durch ein Diplome vom 2 April 1492
samt seinem Vetter Lorenz und Bruder
Franz zum kaiserlichen Hof = und Pfalzgrafen ernannt, bey welcher Gelegenheit besagter Kaiser auch der bonomischen
Familie erlaubet hat, in ihrem Wappen, welches fünf weiße Stäffel im rothen Feld hat, dem in der Höhe stehenden Raben eine goldne Kron aufzusetzen.

Mit Anfang des 16ten Jahrhun-
derts wurde er Bischof zu Triest. Zu-

vor

vor und hernach gebrauchten sich die österreichischen Erzherzoge und Kaiser immer seiner Dienste. Friederich schickte ihn nach Rom, dem neuerwählten Papste Alexander dem VI seine Glückwünsche und Gehorsamsergebung zu melden. In eben diesem Geschäfte haben ihn nachmals Maximilian an Pius den III, und Ferdinand an Leo den X nach Rom geschicket. Bey dem mayländischen Herzog Ludwig Morus von Sforzia war er 3 Jahre als Maximilians Gesandter, und brachte den Herzog, nach Wunsch des Kaisers, zur Allianz wider Frankreich. Auch an die Venetianer hat er eine Gesandtschaft verrichtet.

Im Jahre 1517 kam er im Namen der Stadt Triest mit Markus Padovinus an den kaiserl. Hof um die Bestätigung der alten Freyheiten dieser Stadt, wie auch um einige neue Vorrechte für die Triester; weil sie wider die Venetianer besonders gute Dienste geleistet hatten. Da wurde er den 30sten Wintermonats von der Wieneruniversität un=

unter ihrem Rektor Chriſtoph Kulber
ſeyerlich mit einer Rede empfangen, die
Andreas Endlichius vortrug, und die
auch 1519 Typis Joannis Singrenii mit ei=
ner Epiſtola dedicatoria Auguſtini Tyfer-
ni eines innerſten Vertrauten dieſes Bi=
ſchofs herausgekommen.

Kaiſer Maximilian ſchrieb ihm den
10ten des Chriſtmonats 1518 von Wels
einen überaus gnädigen Brief, in wel=
chem er ihn recht angelegentlich zu ſich
nach Wels rufte, weil er mit ihm über
alle ſeine Länder anordnen, und ſein Te=
ſtament in Richtigkeit zu bringen gedäch=
te. Allein weil dieſer Kaiſer ſchon den
33ſten Tag nach der Fertigung dieſes
Briefs geſtorben, ſo haben ſie einander
vermuthlich nicht mehr geſehen. Merk=
würdig iſt der Eingang in dieſem Briefe:
Venerabili Petro Epiſcopo Tergeſtino,
Principi & Conſiliario noſtro devoto &c.
woraus erhellet, daß er auch den Für=
ſtentitel gehabt habe, ob ich ſchon nicht
weis, auf was Art ihm ſolcher zu Theile
geworden iſt.

Nun

Nun von seiner Verwaltung des Wienerbißthums ist sehr wenig zu melden übrig. Er mag wohl nicht viel über ein Jahr diese Administration gehabt haben; weil er selbst den 10 Julii 1523 der Universität, welche einige Streitigkeiten von ihm entschieden zu sehen wünschte, geantwortet, daß er von dem apostolischen Stuhle nicht bestättiget seye; und weil ihm der Erzherzog Ferdinand schon den 29sten Wintermonats eben dieses Jahrs von Neustadt aus die sehnlichst angesuchte Zurückkehr in sein Vaterland in gnädigsten Ausdrücken zugesagt hatte.

Gleich bey seiner Ankunft in Triest fieng er an das Gebäude des Bißthums zu erweitern und zu verbessern, setzte auch über dem Thore die Inschrift: Petrus Bonomus Antistes Tergestinus carissimæ Patriæ Decori D. D. Anno MDXXIII. Er regierte diese Kirch noch 23 Jahre mit großem Scheine seiner Tugend und Eifers. Endlich starb er im Jahre 1546 im 88sten Jahre seines bey Gott und

der

der Welt verdienſtvollen Alters, und
wurde inner dem Hauptthore ſeiner Dom=
kirche begraben, mit folgender Grab=
ſchrift:

Præſulis hic tumulus Petri tegit
oſſa Bonomi,
Grata ſuo civi plebs pia vota refert.
Ætatis Anno LXXXVIII. ſedit Annos
XLVI. Defunctus Anno MDLXVI.

Johann von Revelliß.

Bald nach der Abreiſe des Petrus Bo=
nomo hat der Erzherzog Ferdi=
nand, der ſeit 1521 vermög eines Ver=
trags mit ſeinem Bruder, Kaiſer Karl
dem V, die ganzen öſterreichiſchen Erb=
lande beſaß, ſeinen Allmoſengeber und
Gewiſſensrath den Kanonikus und De=
chant des wieneriſchen Domkapitels Jo=
hann von Revelliß zum Biſchof ernannt.
Er war ein Burgunder. Seine Barm=
herzigkeit, durch die er eine Zuflucht und
Vater der Armen geworden, wird be=
ſonders angerühmt. Er iſt ſchon im
Jah=

Jahre 1530 geſtorben, nachdem er ge=
gen 8 Jahre ſeine Kirche regieret, und
die erſte türkiſche Belagerung Wiens
mit ausgeſtanden hatte.

Johann Faber.

1530.

Er ſoll ſonſt Johann Heigerlin gehei=
ßen, den Namen Faber aber ange=
nommen haben, weil ſein Vater ein
Schmied war. Leutkirchen im Algau
war ſein Geburtsort. Er wurde in ſei=
ner Jugend ein Dominikaner, und nach=
her zu Freyburg im Brisgau Doktor;
machte ſich durch ſeine Predigten ſonders
berühmt, und wurde Offizial bey dem
Biſchofe zu Baſel, im Jahre 1518 aber
Vikarius des Biſchofs zu Koſtnitz.

Anno 1521 gieng er nach Rom, wo
er das Jahr darauf ſein Buch mit dem
Titel Malleus Hæreticorum herausgab.
1523 hielt er zu Zürch ein öffentliches
Kol=

Kolloquium mit Zwinglius, und machte
sich durch diese und viele andere Bemü=
hungen für die katholische Kirche so be=
rühmt, daß ihn Erzherzog Ferdinand
zu seinem Hof rufte, und Anfangs als
Rath, nachmals auch als Beichtvater
bestellte. Hier that er den Protestan=
ten großen Abbruch, bekehrte auch viele
zur katholischen Religion. Er gieng in
kaiserlichen Geschäften nach Engelland,
war 1529 beym Reichstage zu Speyer,
und 1530 zu Augsburg, bezeigte überall
ganz sonderbaren Geist und Eifer wider
Luthers Lehre.

Als zu Wien 1528 Doktor Baltha=
sar Hubmayr seiner Ketzereyen halben
lebendig verbrannt worden, und die Irr=
lehrer durch diese scharfe Strafe sehr er=
schrecket waren, kam Faber mit so vie=
len und wichtigen Predigten dazu, daß
dem fast allgemeinen Glaubensverderb=
nisse merklich gesteueret wurde, und das
verführte Volk selbst einzusehen anfieng,
wie es mit lauteren schädlichen Neue=
                                    run=

rungen unter dem Vorwande der evan=
gelischen Wahrheit betrogen worden.

Eben selbes Jahr hat der König zu
Ungarn und Böhmen Ferdinand auf
Einrathen Fabers den 13ten des Wein=
monats, den Johann Alexander Braßi=
canus, der hohen Schul zu Wien in kai=
serlichen Rechten Lektorn, mit einem
Brief an den Abt zu Melk geschicket,
um einige alte Bücher, die in selber
Bibliotheke im Manuscript lagen, e=
raus zu nehmen, und drucken zu lassen,
weil sie bey diesen Zeiten viel Gutes wir=
ken könnten.

Im Jahre 1529 hat ihn Ferdinand
nach Ofen als Vorsteher des Spitals
geschicket, welches er auf Fabers Zure=
den neu errichtet hatte. Doch Faber
verblieb nicht lang da; 1530 wurde er
zum Bischof in Wien ernannt, wo er bald
nach erlangter Infel der österreichischen
berühmten Erzherzoginn Margareth,
Kaisers Maximilian des I Tochter, die
durch 17 Jahre Gubernantinn der Nie=
der=

derlande war, eine lange und gelehrte
Leichrede von der Kanzel gehalten. Er
hat sich durch zehn Jahre mit unermü-
deten Lehren und Schriften dem immer
andringenden Strome der lutherischen
Neuerungen mannhaft und höchst nützlich entgegen gesetzet; wie denn eine Menge seiner theologischen, exegetischen, und
polemischen Schriften und Predigten be-
zeuget, die in Cöln von 1537 bis 1541
zusamm gedruckt worden sind. Der
große freyburgische Rechtsgelehrte Ulrich Zasius hat diesem Faber, ehe selber
noch Bischof war, sein Buch: Intelle-
ctus Legum singulares dediciret, und re-
det von ihm gar oft sehr rühmlich in seinen Briefen an Bonifacius Amerbach.

Faber hatte eine zahlreiche und kost-
bare Bibliothek. Ein Jahr vor seinem
Ende vermachte er einen guten Theil
Bücher an die Stiftung der armen Stu-
denten, die damals das Haus und die
Kirche St. Nikola bewohnten, wo itzt
die Klarißinnen ihr Kloster haben.
Doch weil diese Stiftung allda nicht lang

ge=

gedauert hat, und die PP. Franziſkaner
ſchon 1545 von St. Ruprechts Kirche
dahin überſetzet worden, ſo wurden faſt
alle Bücher dieſes Biſchofs in die kaiſer=
liche Bibliothek einverleibet , wodurch
denn dieſe nicht geringen Zuwachs an
koſtbaren Werken erhalten hat.

Man findt hin und wieder in den
erheblicheren Büchern dieſes Biſchofs
ein ſchönes Zeugniß ſeiner Uneigennützig=
keit in Verwendung der biſchöflichen Ein=
künfte, denn in vielen Büchern, und be=
nanntlich in dem ſchönen Stücke des heil.
Chryſoſtomus: De Sacerdotio Libri VI
in kleinem Fol. welches vormals in der
corviniſchen Bibliotheke geſtanden war,
hat er dieſe Worte eigenhändig einge=
ſchrieben: Emtus eſt ille liber per nos
Doctorem Joannem Fabrum, Epiſcopum
Wienenſem & Coadjutorem Novæ Civi-
tatis, glorioſiſſimi & Clementiſſimi Roma-
norum, Hungariæ, Bohemiæque Regis,
ac Archiducis Auſtriæ Ferdinandi pientiſ-
ſimi a Conſiliis & confeſſionibus, & qui-
dem non ea pecunia, quæ ex proventi-
bus

bus & cenſibus Epiſcopatus provenit, ſed
ea, quam ex honeſtiſſimis noſtris labori-
bus aliunde accepimus: proinde liberum
eſt nobis, dare & legare, cui voluerimus.
Donamus igitur Collegio noſtro apud S.
Nicolaum, ordinamusque, ut ibi in per-
petuum uſui ſit juxta ſtatuta & præſcrip-
ta noſtra. Actum Viennæ in epiſcopali
curia I die Septembris Anno Salv. 1540.
Woraus zugleich erhellet, daß er Koadjutor des Bißthums Neuſtadt auf eine
Zeit geweſen iſt, wie er denn auch unter
der Reye dieſer Biſchöfe um das Jahr
1531 gemeiniglich gemeldet wird. Er
ſtarb 1541 den 21 May im 63 Jahre
ſeines Lebens, als eben die Peſt in Wien
und ganz Deutſchland heftig wüthete.
Die letzten zwey Jahre hatte er Friederich Nauſea zum Koadjutor.   •

Frie-

Friederich Nausea.

1541.

Es war dieser eben ein so apostolischer
Mann als der vorige. Die überall
sich eindringende Irrlehre des Luthers
und des Kalvins gab seinem Eifer und
Gelehrtheit viele Gelegenheiten, sich, zu
zeigen. Er wird auch Blancicampianus
genannt, weil er von Weißenfeld im
Würtembergischen gebürtig war. Er
beschäftigte sich von Jugend auf mit den
Studien, wurde Doktor der Theologie
und der Rechte. Der Kardinal Lorenz
Campagni hat ihn zum Sekretär ge=
nommen. Nachmals wurde er Predi=
ger der hochen Stiftskirche zu Maynz,
von da ihn der römische König Ferdinand
für seinen Rath und Prediger geruft
hat. Der Kardinal Sadolet hatte viele
Hochschätzung für ihn, und schrieb ihm
ganz vertraute Briefe, ehe er noch zur
wienerischen Infel erhoben war. Die
Fastenpredigten, welche er 1534 vor dem
Hofe

Hofe Ferdinands gehalten, ſind zehn
Jahre hernach im Fol. zu Cöln gedruckt
herausgekommen. Im Jahre 1541
wurde er Biſchof zu Wien. 1545 den
9ten Auguſtmonats hielt er bey den Er-
requien Eliſabeths der Königinn in Polen und erſtgebohrnen Tochter Ferdinands die Leichrede, die Johann Sing-
renius in Wien aufgelegt hat. Durch-
aus haben ſeine eifrigen Predigten viele
Katholiken verbeſſeret, und viele Irrgläubigen bekehret. Er hat viele theo-
logiſche, juridiſche, und philoſophiſche
Bücher geſchrieben, die doch nicht alle
gedruckt ſind.

Nachdem Papſt Julius der III die
tridentiniſche Kirchenverſammlung wiederum fortzuſetzen befohlen hatte, gieng
Friederich 1551 dazu, und ließ ſich da
die Vereinigung der ſtreitenden Theile
viele Mühe und Arbeit koſten; ſtarb
auch in dieſem heiligen Geſchäfte zu
Trient den 6ten Hornung 1552. Sein
Leichnam wurde nach Wien geführet,
wo er den 26ſten darauf bey St. Ste-

D   phan

phan mit großem Gepränge vor dem
mitteren Altar, der damals außer dem
eisernen Gütter stand, und St. Mar=
kusaltar hieß, beerdiget. Man sieht
dort noch den Grabstein von Marmor
mit der Auffschrift:

D. Fridericus Naufea Epifcopus Viennenfis
Anno MDLII.

Auch unter dem Katharinenaltar
steht an der Kirchsaule eine seinige Grab=
schrift auf einer hölzernen Tafel, worauf
er als dem Volke predigend gemalen ist,
und wo die Inschrift besonders auf sei=
ne eifrige Predigten, und auf seine Ar=
beiten für den Frieden der Kirche Got=
tes abzielet.

Chri=

Christoph Wertwein.
1552.

Schon den zwölften Tag nach dem Ableiben Friederichs Nausea wurde Christoph, der damals Bischof zu Neustadt war, zum wienerischen Sitze berufen. Er war von Pforzheim aus Elsaß. Vormals ist er des römischen Königs Ferdinand Gewissensrath gewesen. Alle große Hoffnung, die man sich bey seiner Erhebung machte, fiel auf einmal darnieder, da er schon das Jahr darauf den 19ten April, oder, wie andere sagen, den 20sten May vom Tode hinweggeraffet wurde, als er erst das 41ste Jahr seines Alters zählte.

An=

Anton von Muglitz.
1558.

Nach Christophs Tode ist das wiene=
rische Bißthum durch 5 Jahre leer
gestanden. Es hat zwar Ferdinand bald
hernach dieses Amt dem berühmten P.
Petrus Canisius angetragen; allein die=
ser hat es allzeit mit vieler Demuth und
Standhaftigkeit ausgeschlagen. Doch
ob er schon die bischöfliche Würde nie=
mals angenommen, so konnte er sich doch
nicht erwehren, daß er nicht auf eine
Zeit lang in Wien dieses Amt verwal=
ten mußte. Denn Papst Julius der III
trug ihm kraft eines sehr gnädigen Brie=
fes vom 3ten Wintermonats 1554 die
Administration auf. Im Jahre 1555,
als Canisius nach Prag kam, lernte er
die seltnen Tugenden Antons von Mug=
litz kennen, und trug daher nicht wenig
bey, daß er nachmals zum Bischof er=
hoben wurde.

Die=

Dieſer würdige Mann war in Mäh=
ren von Mohelnitz oder Muglitz den 13
Hornung 1526 gebohren. Nachdem er
ſich in der Jugend auf der wieneriſchen
Univerſität die anſtändigen Wiſſenſchaf=
ten eigen gemacht hatte, wurde er Pro=
feß, und im Jahre 1552 höchſter Or=
densmeiſter bey den Kreuzherren mit dem
rothen Stern durch Böhmen, Mähren,
und Polen. Zu Prag in dem Saale des
Generalats beſagten Ordens wird er An=
tonius Brußius von Muglitz genannt.
Er war auch Dechant in der königlichen
Kreis = und Gränzſtadt Elnbogen. Sein
Eifer für die Religion machte ihn bey
Ferdinand dem Kaiſer ſo angenehm, daß
er ihn im Jahre 1558 zum wieneriſchen
Bißthum ernannte. Bey ſeinem Ein=
zug in ſelbes empfieng ihn ſeine Geiſt=
lichkeit mit vieler Feyerlichkeit, und für
die Univerſität führte das Wort Ale=
xander Liebhart, ein Rechtsgelehrter,
mit einer zierlichen Rede.

So kurz aber Wien ſich ſeiner er=
freuen konnte, ſo hat er ſich doch bey ſei=

nen

nen Schäflein einen unsterblichen Ruhm durch die Beredsamkeit erworben, mit der er das Wort Gottes vortrug. Er stellte in Verwaltung des geistlichen Amtes einen Rabanus Maurus, und in Beförderung aller Gelehrsamkeit, besonders der damals so nöthigen Gottesgelehrtheit, einen Mecánas vor. Als Kaiser Ferdinand im Jahre 1558 von Frankfurt zurückkehrte, empfieng ihn Anton mit der ganzen Klerisey, zu welcher sich auch die Universität beygesellet hatte. Diesen Einzug hat der gekrönte Poet Peter von Rotis beschrieben.

Allein es waren noch nicht zwey Jahre verflossen, als ihn schon eben Ferdinand, der ihm die wienerische Infel gegeben hatte, wieder hinwegnahm, und ihm das wegen der hußitischen Unruhen schon bey 140 Jahre erloschene, und nun wieder hergestellte Erzbißthum zu Prag auftrug. Er war den 5ten des Augustmonats 1560 dazu präsentiret. Im Jahre darauf den 5ten des Weinmonats hat Pius der IV diese Wahl bestät=

ſtättiget. Der Kaiſer ernannte ihn gleich
darauf zu ſeinem Geſandten bey der Kir=
chenverſammlung zu Trient, wo er 1562
den letzten Jäner anlangte, und den 6
Hornungs den verſammelten Vätern
vorgeſtellet wurde.

Auf dieſer Schaubühne der katholi=
ſchen Welte lernte man erſt recht ſeine
Tugenden kennen. Man ſah ihn zugleich
die Stelle ſeines Kaiſers nebſt ſeiner ei=
genen eines Biſchofs vertreten. Er
verfocht das Begehren ſeines Für=
ſten, und unterſtützte es mit Stand=
haftigkeit; doch alſo, daß er den allge=
meinen Nutzen der Kirche niemals aus
den Augen ließ. Seine Gelaſſenheit
hat man beſonders bewundert, da er
gleich Anfangs in der Vorſitzſtreitigkeit
dem Cardinal Madruzi Biſchof zu Trient
nachgegeben hat. Seinen Eifer bezeig=
te er ſattſam in der Frage über das zu
klöſterlichen Gelübden nothwendige Al=
ter, in welcher er den Beyfall der gan=
zen Verſammlung erhalten hat.

Sei=

Seine Weisheit und Redlichkeit
zeigte sich in dem Handel wegen des Katechismus des berühmten Dominikaners
Bartholomäus von Carranza Erzbischofs zu Toledo, den der Bischof von
Jlerda, spanischer Orator, mit großer
Verbitterung anklagte. Er mußte auf
Befehl der Väter den Katechismus untersuchen, und er ließ diesem bedauerungswürdigen Mann wider seinen mächtigen
Ankläger das Recht widerfahren, daß er
ihn von aller Irrlehre lossprach.

Ungeachtet daß der Aufenthalt zu
Trient Manchem so beschwerlich fiel,
verblieb doch Anton beständig dort, außer daß er im Jahre 1562 auf eine kurze Zeit nach Prag zurückgieng, um allda den 20 Herbstmonats Maximilian
dem König, und den folgenden Tag Marien dessen Königinn die böhmische Krone aufzusetzen; und daß er im Jahre
1563 auf eine Zeit den Cardinal von Lothringen nach Rom begleitete. Nach
geendigter Kirchenversammlung verfügte
er sich gleich zurück nach seiner Kirche,

und

und suchte, soviel die Umſtände zuließen, die Geſetze und Verbeſſerungen, die zu Trient waren gemacht worden, einzuführen. Im Jahre 1575 den 16ten Herbſtmonats hat er Rudolph den II zum König gekrönet.

Man hat beobachtet, daß er gelehrte und gottesfürchtige Leute gern um ſich geſehen hat; wie er denn den berühmten engelländiſchen Glaubenszeugen Edmund Campian ſehr hoch geſchätzet, und ganz beſonderer Gunſte gewürdiget hatte. Er ſtarb im 54ſten Jahre ſeines Alters den 28ſten des Auguſtmonats 1580, und wurde in der Domkirche bey St. Veit in der Kapelle des heil. Antonius, andere ſagen in St. Johann des Taufers Kapelle, begraben; denn dort iſt noch heut zu Tage ſein Epitaphium und Ordenszeichen zu ſehen. Sein Nachfolger Martin Medeck ließ ihm folgende Grabſchrift machen: Reverendiſſimo ac illuſtriſſimo Principi Domino, Domino Antonio, primo a reſtauratione Archi-Epiſcopo Pragenſi, Imperat. Ferdinan. Concilii

cilii Trident. Oratori, Anno 1580, die 28 Augusti mortuo, Reverendissimus ac Illustrissimus Dominus, Dominus Martinus Successor gratæ memoriæ ergo FF.

Urban von Gurk.
1563.

Nachdem Anton von Muglitz im Jahre 1562 das Erzbißthum zu Prag bekommen hatte, wurde das Jahr darauf Urban der wirkliche Bischof zu Gurk zugleich als Administrator der wienerischen Kirchengemeinde bestellet, welches Amt er auch bis auf den 10ten Brachmonats 1568 höchstlöblich vertreten. Im Jahre 1569 war er bey dem salzburgischen Provinzial-Synodus zugegen. Er war den österreichischen Fürsten so lieb, daß ihn die Kaiser Ferdinand der I, und und Maximilian der II zu ihrem Rath machten, und mit der Würde eines Hof- und Pfalzgrafen beehrten. Erzherzog Karl, welcher das innere Oesterreich regierte, hatte ihn ebenfalls zu seinem

Rath,

Rath, und hörte seine Predigten mit Ge=
fallen an. Er starb nachmals zu Gurk
im Jahre 1573 den 13 Herbstmonats.
Von seinem Vaterland schreiben Franz
und Paul Mezger nur dieses, daß er
in Oesterreich unweit Wien als ein fünf=
jähriger Knab unter der zurückgelassenen
Beute der fliehenden Türken seye gefun=
den worden.

Kaspar Neubeck.
1574.

Im Jahre 1574 den 27sten Herbst=
monats wurde Kaspar Neubeck vom
Kaiser Maximilian dem II zum Bischof
in Wien ernannt, und folgendes Jahr
vom Papste Gregor dem XIII bestätti=
get. Der Bischof von Veßprim Ste=
phan Fejerköv, oder wie ihn Pray schrei=
bet, Feherkövy hat ihn darauf am Sonn=
tag unter der Fronleichnamsoctav ge=
weihet. Es erhellet hieraus, daß das
Bißthum in Wien nach der Abreise des
gurkischen Bischofs Urban wiederum et=
liche

liche Jahre unbeſetzt geblieben iſt. Neu=
becks Vaterſtadt war Freyburg im Bris=
gau. Er hat dort die Doktorswürde
erhalten, auch das Amt eines Profeſſoris
ordinarii Theologiæ und Domſtiftspre=
digers rühmlich vertreten, und wurde
Rector Magnificus bey ſelber Univerſität.

Im Jahre 1579 den 22 Brachmo=
nats hat er außer Wien die neu herge=
ſtellte Lazaretkirche eingeweihet, wie
auch auch 1586 den 11 des Chriſtmo=
nats die Kapelle der heiligen drey Könige
im fürſtlich = ſchwarzenburgiſchen Palaſt;
und 1592 den 16ten Hornung die Zwet=
lerkapelle vom Paſſauerhof gegenüber;
am erſten Sonntag nach Pfingſten aber
diejenige, welche im Graf Michael
althaniſchen Gebäude unter dem Titel
der zween Apoſtelfürſten ſteht.

Unter ſeiner Regierung hat Papſt
Sixtus der V dem Erzherzog Ernſt Hut
und Schwert verehret, als nun der Nun=
tius Lälius Urſinus Herzog von Gra=
vina den 15 Heumonats 1587 ſelbe dem

Erz=

Erzherzog in der Domkirche feyerlich überreichte, hielt Kaspar unter Beystand des Abts Gregor Strigelius von den Schotten, und des Prälaten vom heil. Kreuz das Hochamt.

Weil 1590 in Ungarn der Krieg mit den Türken angieng, und mehr Jahre fortdauerte, munterte dieser Bischof die Christen durch eifrige Predigten wider diese Feinde auf. Diese sind 1594 gedruckt, und von Heinrich Hartung Official zu Wien in seinem Carmine contra Semi - Turcicos Christianos sehr angerühmet worden.

Nachdem er durch ganze zwanzig Jahre unermüdet für die katholische Religion und für die heilige Kirche gearbeitet hatte, gieng er den 28 Augustmonats 1594 zum besseren Leben über.

Melchior Klesel.

1598.

Vier Jahre nach dem Tode Kaspar
Neubecks trug Rudolph der Kaiser
die Verwaltung des Bißthums dem
Probsten bey St. Stephan und Univer-
sitätskanzler Melchior Klesel auf, der
zugleich Official im Passauerhof, kaiserlicher Rath, und Hofprediger, wie
auch seit 1588 Administrator des Bißthums zu Neustadt gewesen ist. Im
Jahre 1602 den 19 Jäner wurde er
auf vorhergegangene päpstliche Be-
stättigung feyerlich installiret. Zwölf
Jahre darauf erhielt er zu Kremsmünster am Ostertag von Rom die zwey-
fache Bekräftigung als wirklicher Bischof zu Wien und Neustadt zugleich.
Endlich hat ihn Paulus der V den 11
April 1616 auf Anlangen des Kaisers
Mathias in die Zahl der Cardinäle aufgenommen, worauf er zu Prag in Gegenwart des Kaisers den 29sten des
Brach-

Brachmonats den Purpur aus Handen
des Cardinals Franz Dietrichſtein bekommen hat.

Wie die Ehren, ſo waren auch die
Verdienſte bey ihm ſehr groß und viel-
fältig. Er war wachbar wider alle Irr-
thüme und Verderbniſſe der Sitten, unterſtützte den wahren Glauben in Oeſterreich mit Macht und Nachdruck; war
mit ſo ſcharfem Verſtande und anderen
Natursgaben gezieret, daß er auch zu
den ſchwereſten Geſchäften glücklich gebraucht wurde. Seine Wohlredenheit,
Vorſichtigkeit, und Geſchicklichkeit bey
Geſandtſchaften , und anderen großen
Werken haben ihn weit und breit bekannt gemacht. Beym Kaiſer Mathias
war er im geheimen Rath Direktor. Als
er einsmals dieſem Kaiſer, deſſen Herz
er in Händen hatte, einige Stücke ein-
rieth, die dem Erzherzog Ferdinand nicht
angenehm waren, ließ ihn dieſer 1618
mit ſolcher Behendigkeit und Stille von
Wien nach Tyrol bringen, daß nicht
einmal die Bedienten des Cardinals
wuß-

wußten, wohin ihr Herr gekommen;
welcher Streich auch den Kaiſer Ma=
thias ſehr gekránket hat. 1622 nahm
ſich Gregor der XV dieſer Hándel an.
Er erwirkte bey Ferdinanden, der nun
ſchon Kaiſer war, daß Kleſel aus ſeiner
Gefangenſchaft nach Rom geſchickt wur=
de; dort rechtfertigte er ſich dermaſſen
wohl, daß ihn 1624 Papſt Urban der
VIII vóllig reſtituirte, wobey den auch
die Ausſehnung mit dem Kaiſer geſchah.

Er war eines Báckers Sohn in
Wien, ſeine Aeltern waren lutheriſcher
Religion. Er ſtudirte in Wien als
pápſtlicher Alumnus, und hat nachher
1618 auch ſelbſt einige Alumnen im
Konvikt bey St. Barbara geſtiftet, auch
dieſe Stiftung 1630 verbeſſert. Die
Probſtey in der Singerſtraſſe hat er im
Jahre 1609 erbauet, wie die zween Ge=
dáchtnißſteine dort klar melden. Unter
ihm ſind 1626 die Barnabiten in St.
Michaels Pfarrkirche den 16 May ein=
geſetzet worden. Im Jahre 1628 den
3ten Chriſtmonats hielt er die Meſſe in

dem

dem neu angehenden Probhaus der Ge=
sellschaft Jesu bey St. Anna, und er=
theilte 25 von Leoben angekommenen
Novitzen die heilige Kommunion. Daß
er dieser Gesellschaft allzeit sonderbar
zugethan gewesen, zeigt sich nebst an=
dern aus dem Brief Bellarmins an ihn
vom 20sten des Wintermonats 1611,
der unter den Epistolis familiaribus Bellar-
mini, Pragæ 1753, zu lesen.

Im Jahre 1640 hat er sich Johann
Walterfinger, Abten bey den Schotten,
zum Suffraganeus für Wien gewählet,
den Urban der VIII selbes Jahr den 9ten
des Herbstmonats, hiemit nur acht Tage
vor Klesels Tode, zum Bischof von Ger=
manizien ernannt hat. Auch vorher
schon hatte Klesel einen Schottenabt,
Augustin Pytterich, zum Suffraganeus
für Wien und Neustadt, der von eben
diesem Papste den Bischoftitel von
Germanizien bekommen hatte. Er starb
zu Neustadt den 17ten Herbstmonats
1630 im 77sten Jahre seines Alters.
Sein Leichnam wurde nach Wien ge=

E   bracht,

bracht, und den 17ten Wintermonats
bey St. Stephan in der großen Frau=
kapelle begraben. Es sind dort zwey E=
pitaphien zu seinem Lobe und Gedächt=
nisse errichtet.

In der Schatzkammer bey St. Ste=
phan befindt sich heut zu Tage noch ei=
ne sehr prächtige, ganz von Perlen ge=
stickte, und mit Steinen gezierte bischöf=
liche Infel, die dieser Cardinal dahin
verehret hat. Er hat auch zu dieser Kir=
che eine große Monstranze mit 23 Mark
1 Loth geschenket, welche 1615 den 16ten
Jäner consecriret, und ihm vom Kaiser
Miathias und der Kaiserinn Anna zum
Präsent war gegeben worden. Man
liest auch, daß diesem Cardinale die Klo=
sterfrauen zur Himmelspforte zum ewi=
gen Dank für eine schöne Summe Gelds,
die er ihnen in seinem Testamente ver=
macht hatte, alle Jahr am heiligen drey
Königtage, als seinem Namensfeste, wie
auch an seinem Jahrtage, welcher in der
Quatemberwoche des Herbstmonats zu
fallen pflegt, einen Leuchter mit einer
zwey=

zweypfündigen Warkerze, die mit einem
grünen Roßmarinkränzlein umwunden
ist, und von frühe an bis Abends nach
der Vesper brennen muß, auf sein Grab
setzen lassen.

Anton Wolfrath.
1631.

Dieser große Mann wurde zu Cöln
am Rhein gebohren, fieng dort
seine Studien an, vollendete sie aber zu
Rom, und zwar mit solchem Fortgange
und Ruhm, daß er schon damals unter
die Gelehrten mitgezählet wurde. Als
er er nun das theologische Doktorat zu
erlangen seine öffentliche Disputation
hielt, hatte er die Cardinäle Bellarmin
und Baronius zu Opponenten, er be-
stand dabey so rühmlich, daß ihm Bellarmin seinen Cardinalshut aufsetzte, und
sagte: Ueberhebe dich nicht, wenn
dir einsmals ein solcher Hut zu Theil
wird. Nach der Zeit begab er sich in das
Cisterzienserkloster zum heil. Kreuz in

Oester-

Oesterreich, und wurde in das Noviziat
nach Claravall in Frankreich geschicket.
Kam hernach in das Bernardinerkloster
Rhein in Steyermark, wo er die Pfarr
Gradwein unweit Grätz eine Zeit lang
verwaltete. Von da aus wurde er in
das Kloster Willhering in Oberöster=
reich übersetzet, und dort zum Prälaten
erwählet, 1613 aber haben ihn die Be=
nediktiner zu Kremsmünster auf Ver=
langen des Kaisers Mathias zum Abte
begehret, wie er dann auch auf eben die=
ses Kaisers Begehren durch die päpstli=
che Dispensation aus einem Cisterzien=
ser ein Benediktiner geworden.

Wegen seiner ausnehmenden Be=
scheidenheit und Wirthschaftskunst wurde
er vom Kaiser zum geheimen Rath und
obersten Hofkammerpräsidenten gemacht,
und dieses mit so vielem Nutzen, daß ihm
etlich Jahre darauf Ferdinand der II in
einem öffentlichen Schreiben das Zeug=
niß gegeben, daß er die Kammerkasse
um etlichmal hunderttausend Gulden
vermehret habe. Er wurde auch in
wich=

wichtigen Gesandtschaften gebraucht. Im
Jahre 1631, nachdem er sehr vieles zu
Oesterreichs sittlicher und politischer
Verbesserung beygetragen hatte, ernann=
te ihn der Kaiser zum Bischof zu Wien,
und er wurde vom Cardinal Dietrich=
stein den 3ten Augustmonats bey St.
Stephan dazu geweihet. 1632 hat er
den 25sten Brachmonats die Kirche der
PP. Kapuziner am neuen Markt con=
secriret, welche Kaiser Ferdinand durch
zehn Jahre sammt der Krufte österreichi=
scher Fürsten erbauet hatte. Die Krufte ist
nach der Zeit, nämlich 1703, vergrößert,
und 1748 mit einem besondern Mauso=
läum vermehret worden.

Er war der erste Wienerbischof, dem
der Kaiser den Titel eines Fürsten des h.
röm. Reichs gegeben hat, welche Ehre
nach ihm auch auf seine Nachfolger über=
gegangen ist. Die bischöfliche Residenz
in Wien hat er aufgeführet, wie denn
seine Nachfolger Friederich und Sigis=
mund ihre Dankbarkeit hierüber in dem
Stein über dem Brunne einhauen lassen.

E 3　　　Nebst

Nebſt dieſer prächtigen Wohnung unter=
ließ er dem Bißthum eine koſtbare Bi=
bliothek, worunter ſich ganz beſondere
Manuſcripte befinden. Die Andreas=
kapelle im biſchöflichen Hofe hat er 1638
erweitert, und verſchönert. In ſeinem
letzten Jahre ſind die ſieben Stationen
nach Hernals zum heiligen Grabe er=
richtet worden.

Die Vermuthung des Cardinals Bel=
larmin, als er unſerm Antonius den ro=
then Hut aufſetzte, wäre noch wahr ge=
worden, wenn dieſer Biſchof nicht ganz
gähe den 1ſten April 1639 zu ganz Wiens
großem Leidweſen dahin geſtorben wäre.
Sein Spruch war: *Fruſtra niſi Dominus.*
Er hat zu Wels den Kapuzinern Häu=
ſer und Gärten für ein Kloſter zuſamm=
gekauft, auch ihnen alldort ihre Kirche
unter dem Titel des heil. Bonaventura
geweihet.

Unter ſeinen Tugenden leuchtete ſon=
derbar die Demuth hervor, ja ſie leuch=
tet noch in der Grabſchrift, die er ſelbſt
verfertiget hat: Fui

Fui
Abbas, Epifcopus, Princeps.
Sum
Pulvis, Umbra, Nihil.
Anno MDCXXXIX.

Ein prächtigeres und seinen Verdien=
 sten angemesseneres Denkmaal aber hat
ihm sein Nachfolger aufrichten lassen.
Auch zu Kremsmünster, wo sein Herz
beygesetzet worden, liest man eine schö=
ne Grabschrift, die ihm der Abt Bo=
nifacius errichtet hat.

Friederich Philipp
aus den Grafen von Breuner.
1639.

Er war die Andacht selbst. Dieses soll
der Begriff von Friederich Philip-
pen seyn. Sein Wahlspruch war: Con-
scientia bona suave convivium. Er war
im Jahre 1598 aus dem uralten, nunmehr gräflichen, Geschlechte der Breuner; schrieb sich Freyher auf Stübing,
Fladeniz und Raabenstein, wurde Bischof zu Joppen, Weihbischof zu Ol-
müz, Probst zu Brün, Domherr zu
Breslau und Regensburg. Im Jahre
1633 den 3ten April am weißen Sonntage hat er die Hradischer Fraukirche
auf dem heiligen Berge in Mähren consecriret. Ferdinand der III, der seine
Tugend wohl kannte, machte ihn im Jahre 1639 zum Bischofe zu Wien, und er
hielt allda den 26 des Christmonats als
am Festtage des heil. Stephans, seines
Kirchenpatrons, den öffentlichen Einzug
und Besiznehmung.

Er

Er hatte diese Würde kaum angetreten, so zeigte er schon seinen Eifer
für die Zierde des Hauses Gottes, und
den Aufnahm seines Bißthums. Er
Er baute in seiner Kathedralkirche den
dermaligen Hochaltar sammt dem Chor;
denn der Chor- oder Hauptaltar stund
vorher am Eingang des Vordertheils o-
der Presbyteriums der Kirche, und hatte von dem heil. Markus den Namen.
Dieser wurde auf die Seite gesetzt, wo
itzt St. Josephs Altar steht. Der alte
Altar aller Heiligen aber, der hinten
am Ende war, und wo eben Friederich
nun den neuen unter dem Titel des heil.
Stephans und aller Heiligen errichtet
hat, ist in das Bürgerspital übersetzet
worden. Im Jahre 1647 den 4 Sonntag nach Ostern wurde der neue St.
Stephansaltar von seinem Erbauer consecriret, und mit 6 silbernen Leuchtern,
Crucifixe, Ampeln, ganz goldnem Kelche, und vielen Ornaten versehen. Zum
Bißthum kaufte Friederich den saratei-
nischen Garten, baute von neuem das
bischöfliche Haus auf der Freyung, und
das

das Schloß zu St. Veit. Man hat seine Ausgaben für die Kirche und das Bißthum auf 121600 Gulden gerechnet.

Doch in dem bestund seine Mühe noch nicht alle. So lang er konnte, verrichte er selbst alle bischöflichen Aemter. Die ersten drey Jahre trug er mit blossen Füssen das hochwürdige Gut bey der jährlichen Proceßion, ja er pflegte eben dieses auf solche Weise bey der Nacht zu den Kranken selbst zu tragen. Kein Ort weder Kranker war ihm zu schlecht, weil Gott der Herr selbst dahin zu kommen sich würdigte. Vom Jahre 1640 bis 1667 hat er 2196 Priester, 1325 Diakonen, 2046 Subdiakonen, 2014 Minoristen geweihet, und 6993 Personen gefirmet. Im Jahre 1643 hat er die Andreaskapelle im Bischofhof, die ehemals vom heil. Achatius und seinen Gesellen den Namen hatte, eingeweihet.

Als er im Jahre 1644 Rom besuchte, wurde er von Urban dem VIII mit vielen Leibern heiliger Martyrer beschenket,

ket, die er nachmals in den wienerischen
Kirchen ausgetheilet hat. Die Kirche zu
St. Dorothee hat die Gebeine der heiligen Mart. Josinus und Jonisius erhalten; in die Klosterkirche zur Himmelspforte gab er den Leib des heil. M.
Valentinus, das Haupt des heil. M.
Lucius, die Reliquien des heil. M. Bonifacius, und mehr andere. Die Kirche zu St. Nikola überkam die Gebeine des heil. M. Paphnutius; die zu St.
Lorenz den Leib der heil. Martyrinn Restituta; die zu St. Stephan die Gebeine der heiligen Martyrer Chrysanthus,
Marcellianus, und Cyriaca, zu derer
prächtigerem Empfange er eine Procession von Monteserrato angestellet hat,
die von dem Kaiser selbst, von der ganzen Klerisey, und von allen Universitätsgliedern begleitet worden. Er ließ auch
zween Reliquienkästen seines Kirchenschatzes im Silber fassen.

Im Jahre 1647 nahm er Antheil
an der vergrößerten Verehrung der unbefleckten Empfängniß der allerseligsten
Mut=

Mutter Gottes. Er weihete den 18
May 1647 die große Marmorsaule am
Hof, die nachmals 1667 vom Kaiser
Leopold aus Erz errichtet worden. Da=
rauf hielt er das hohe Amt in der Pro=
feßhauskirche, und in seine Hände legte
Ferdinand der Kaiser das Gelübd ab,
diese fromme Meynung zu halten, und
zu beschützen. Er erschien auch den ten
des Heumonats mit der Fronleichnams=
bruderschaft vor dieser Saule. Im Jah=
re 1651 den 5ten Herbstmonats hielt er
das Hochamt, da die unterösterreichischen
Stände Ferdinand dem IV huldigten,
und eben selbes Jahr weihete er am 12
Sonntag nach Pfingsten die Kirche der
PP. Paulaner auf der Wieden sammt
dreyen Altären; auch hat er den Haupt=
altar in der Kapelle des heil. Kreuzer=
hofes im Jahre 1662 geweihet. Er be=
förderte auch das Unternehmen der ge=
schuhten PP. Karmeliten, damit sie wie=
der in Wien einen Platz bekommen
möchten.

Für

Für die innerliche Ruhe seiner Kir=
che sorgte er 1649 durch richtige Einthei=
lung der Pfarrgränzen St. Stephans,
St. Michaels, und der Schotten. Für
sein Domkapitel erhielt er durch den Kai=
ser Leopold, daß die Kapitularen anstatt
des Fehepelzes die noch heut zu Tage übli=
chen Kleider tragen dorften. Das letzte
seiner Geschäfte war, die Einführung des
Schutzengelfestes, und des hochadelichen
Ordens der Damen des Sternkreuzes:
das erste begehr te Leopold der Kaiser, das
zweyte aber Eleonora die verwittwete
Kaiserinn.

Endlich nachdem Friederich Philipp
das 72ste Jahr seines Alter erreichet hat,
starb er den 22 May, und wurde in der
großen Fraukapelle seiner Kathedralkir che
begraben. Die Aufschrift seines kupfer=
nen Sarges ist diese: In dieser Sarg ru=
het Philipp Friederich, aus den Gra‧
fen von Breuner, Bischof zu Wien,
des h. r. R. Fürst, seines Alters im
72sten Jahre. Er ist dieser Kathe=
dralkirche durch 30 Jahre mit ansehn=
lichem

lichem Eifer, heilsamen Wort, und
seltsamen Beyspiel vorgestanden. Ist
in dem Herrn verschieden den 22
Tag des May im Jahre 1669. Kein an=
ders Grabmaal hat man ihm nicht errich=
tet; und er hat gewiß kein anders ver=
langet, weil er immer die Verachtung
höher als die Ehren geschätzet hatte.

Wilderich
Freyherr von Walterdorf.
1669.

Er war gebohren im Jahr 1617 am
Samstag vor den zweyten Sonntag
nach heiligen drey Könige, das ist, den 14
Jäner. Sin Vater war Johann Peter
von Walterdorf, und Maria Magda=
lena von Greifenklau. Schon 1626
den 27 Hornung bekam er die Dom=
präbende zu Wirzburg, wo er auch her=
nach 1641 Domkapitular und 1676 Ju=
biläus geworden. Er war auch Dom=
kapitular zu Maynz, 1667 Domprobst
zu Speyer, und wirklicher kaif. geheimer
Rath=

Rath. Ja er verwaltete auch durch 11
Jahre die Reichs = Vicekanzlersstelle mit
ausnehmenden Proben seiner Tugend und
Vernunft. Seine Familie hat beson=
ders zwey seltne Stücke zum Lobe, daß
sie nämlich turniermäßig war, und daß
sie niemals von der römisch = katholischen
Kirche abgewichen ist.

Nachdem er sich der lateinischen
Sprache halber in den Schulen theils
zu Würzburg, theils zu Speyer geü=
bet, hörte er zu Rom im deutschen Kol=
legium die Weltweisheit, Gottesgelehrt=
heit, und die geistlichen Rechte; in die=
sen Wissenschaften machte er sich so fä=
hig, daß sie ihm bald zu den höchsten
Aemtern vortrefflich dienten. Weil er
sich nun in seinen aufgehabten vielen und
großen Verrichtungen überall mit son=
derbarer Bescheidenheit und Geschicklich=
keit hervorgethan, so hat ihn Leopold
der Kaiser nach dem Tode des preißwür=
digsten Bischofs Breuner zu dem wiene=
rischen Hirtenamt vor vielen anderen er=
kieset. Die Weihe empfieng Wilderich
vom

vom Antonius Pignatelli, Erzbischofe
und päpstlichem Nuncius, am Feste
des heiligen Erzengels Michael. Ei=
nes seiner ersten Geschäfte war die Ein=
weihung der Serbitenkirche in der Roßau.
Er hat auch den Hochaltar in der Kapelle
des h. Xaverius im akademis. Kollegium
den 1 Christmonats 1669 geweihet. Doch
die öfteren Krankheiten machten ihn bald
unfähig; er mußte das meiste durch sei=
nen Weihbischof richten lassen. Dieser
war Johann Schmizberger Abt zum
Schotten, den er auf Kaiser Leopolds
Einrathen und Clemens des X Gut=
heißung 1674 den 28 Jänner zum Bi=
schof zu Helenopel geweihet hatte.

Endlich nahm ihm eine langwierige
Wassersucht im 64sten Jahre seines Al=
ters Abends zwischen 8 und 9 Uhr 1680
das zeitliche Leben, damit er das un=
sterbliche erreichte. Sein verblichener
Leib wurde in der Kathedralkirche in
der großen Fraukapelle den 8ten des
Herbstmonats Abends um 8 Uhr begra=
ben. Den 10ten darauf waren die Exe=
quien

quien für ihn, wobey der Domprediger
P. Friederich Jellentſchitz eine Rede zu
deſſen Lobe gehalten hat. Auf dem ku-
pfernen Sarge machte man ihm eine
lateiniſche Ueberſchrift dieſes Inhalts:
„ In dieſem Sarge ruhet Wilderich aus
„ den Freyherrn von Wallendorf, Bi-
„ ſchof zu Wien, des h. r. Reichs Fürſt,
„ der kaiſerlichen Majeſtät geheimer
„ Rath, Probſt zu Speyer, Domherr
„ der Metropolitankirche zu Maynz, und
„ der Kathedralkirche zu Würzburg.
„ Seines Alters im 64ſten Jahre. Er
„ iſt dieſer Kathedralkirche durch 11
„ Jahre vorgeſtanden, und in dem Herrn
„ geſtorben den 4ten Tag des Herbſtm.
„ im Jahre des Herrn MDCLXXX.

Sein Bruder und Erbe, der Reichs-
hofrath Baron von Walterdorf, über-
gab dem Domkapitel 2000 Gulden auf
einen Jahrtag, der noch gehalten wird;
der Kathedralkirche aber 4000 Gulden.
Wilderich hat einige Vermächtniſſe zur
Erbauung eines Hochaltars der Domkirche zu Wirzburg verſchrieben, wel-

F   cher

cher auch aus schwarzem Marmor sehr
prächtig verfertiget worden. Zum An=
denken seiner Stifter steht diese Inn=
schrift darauf:

Fundatores hujus Altaris.
1 7 0 5.

Wildericus ex Bar. de Wálterdorf, D.
G. Epſ. Vienn. S. R. I. Princeps, S.
C. M Conſil. Int. Præpoſ. Spirenſis
Eccleſ. hujus Cathed. Jubilæus.

Franciſcus Chriſtophorus a Roſenbach,
Eccleſ. hujus Cathedr. Decanus, Ec-
cleſiarum Colleg. ad SS. Joes Haug
& novi Mon. Præpoſ.

Man rühmt ihn auch von seiner Leut=
seligkeit, mit der er alle Herzen an sich
zog, und von der Sanftmuth, die er mit
großer Gegenwart des Geistes also ver=
bunden hatte, daß ihn auch einstens die
ungebührlichen und ehrenrührerischen
Worte, mit denen man ihn seiner geist=
lichen Gerichtsbarkeit halber bey Besu=
chung seines Kirchensprengels sehr hart
an=

angegriffen hatte, weder zur Ungeduld, weder zur Verfinsterung seines Ange=
sichtes, aber auch nicht zum Weichen bewegen konnte. Gegen die Armen trug
er ein väterliches und erbarmnißvolles Herz. Er ließ ihnen viel Allmosen ge=
ben. Man hat aber bemerket, daß die Neubekehrten vor anderen seine mild=
reiche Hand erfahren haben. Die kleß=
lische Stiftung im Konvikt hat er auf
6 junge Geistlichen erneuert; selbe ist a=
ber nachmals 1758 zum erzbischöflichen Curatenhaus gekommen.

Zwey Dinge, die in seiner Kirche ei=
ne merkliche Veränderung machten, ha=
ben sich Zeit seiner Regierung zugetra=
gen. Eines war, daß die Juden aus
dem untern Werd sind abgeschaffet wor=
den; worauf Kaiser Leopold den ersten
Stein zum Gotteshause legte, so auf
dem Platz der zerstörten Synagog steht,
und die Pfarrkirche in der Leopoldstadt
ist. Durch diese Aenderung bekam das
Bißthum großen Zuwachs, und wurde
endlich jenes alles den Christen wieder her=

gestel=

gestellet, was die Juden nach den Zeiten
Alberts des V, Herzogs in Oesterreich,
der sie schon im Jahre 1420 ganz aus=
trieb, abermal neu an sich gezogen hatten.

Das zweyte war sehr kläglich. Es
wüthete nämlich 1679 in Wien eine
ansteckende Seuche. Der Bischof mußte
auf seinem Krankenlager hören, wie vie=
le tausend aus seiner Heerde von dem
Tode dahin gerissen worden. Kein Haus
blieb verschonet, viele auch geistliche Häu=
ser wurden fast ganz ausgeleeret: nur das
einzige Kloster zur Himmelspforte hat
sich frey erhalten. Unser Hirt sparte keine
Mühe die Geistlichkeit und Seelsorger
aufzumuntern, damit nicht die Dahin=
sterbenden ohne Seelenspeise und Trost
von der Welt scheiden möchten.

Ein boshafter Mörder, der den Graf
Johann Peter von Jörger erschossen,
hatte sich in die Kirche bey St. Michael
geflüchtet; er wurde da mit Gewalt
herausgenommen, aber durch Verwen=
dung des Bischofs und des päpstlichen
Nun=

Nuncius auf kaiſerlichen Befehl zu⸗
rückgeſtellet, und hernach als ein des
Zufluchtorts unwürdiger wiederum aus⸗
geliefert. Dieſer Biſchof hat auch nicht
wenig beygetragen, daß die Saßungen der
in Gemeinſchaft lebenden Weltprieſter
von Innocenz dem XI beſtättiget wor⸗
den. Er wollte ſie auch in ſeinem Kir⸗
chenſprengel einführen, und der Papſt
gab eigentlich den 6ten Heumonats ei⸗
nen Brief an ihn, in welchem er ihn hie⸗
zu aneiferte. Allein es war zu ſpat,
die Tage Wilderichs giengen zu Ende,
ehe die Sache zur Reiſe kam. Von
ihm iſt die Bußproceßion, die man jähr⸗
lich am Freytag vor dem Palmſonntag
hielt, im Jahre 1674 wegen einiger Un⸗
anſtändigkeiten abgeſchafft worden.

Eme⸗

Emerich Sinnellius.

1680.

Nur Tugend und Verdienſte haben dieſen eifrigen Kapuziner zur biſchöflichen und reichsfürſtlichen Würde erhoben. Zu Komorn in Ungarn war er den 29 Brachmonats 1622 gebohren. Sein Vater war ein Fleiſchhacker in dieſer Stadt, und hieß Michael Sennel, der Sohn aber Johann Anton. Die untern Schulen lernte er zu Linz in Oberöſterreich; die Philoſophie aber hörte er zu Ingolſtadt. Im 21ſten Jahre ſeines Alters wurde er Kapuziner, ſtudirte im Orden die Theologie mit vielem Fortgang. Er war als Mißionarius mit, da man Unteröſterreich von den Irrlehren reinigte, predigte eifrigſt im Viertel Manhartsberg, und brachte ſehr viele Lutheraner zur wahren katholiſchen Lehre. Von dort aus wurde er nach Prag geſchicket, wo er eben mit großem Nutzen ſieben Jahre predigte.

Er

Er war deßwegen nicht nur an dem
kaiſerlichen Hof, ſondern auch zu Rom
bekannt, und wurde zum Vorſteher der
katholiſchen Mißionen im ganzen Be-
zirke der wieneriſchen Nunciatur gemacht, und von Clemens dem X mit einem eigenhändigen Schreiben beehret.
Ganze 22 Jahre hat er die Predigten
in der Schottenkirche gehalten, und dieß
heilige Amt hat er auch als Biſchof mit
ſo vielem Nachdruck, Wohlredenheit und
Beyfalle immer fortgeſetzet, daß er ins-
gemein Emericus facundus genannt wurde. Unterdeſſen wurden ihm auch ver-
ſchiedene Stellen bey ſeinem Orden zu
Theil, er war Diffinitor, Cuſtos, und
Guardian zu Wien bey Maria der Engel. Die Kaiſer Ferdinand und Leopold zogen dieſen Mann in wichtigſten
Angelegenheiten zu Rath. Er war eben
mit Kaiſer Leopold zu Linz, als durch
Wilderichs Tod 1680 das Bißthum
Wien leer wurde. Der Kaiſer wählte
den Emerich dazu, und Innocenz der XI
hat nicht nur die Wahle gutgeheißen,
ſondern auch ſeinem Nuncius zu Wien

F 4 Fran-

Franzen Bonvisius befohlen, den P. E=
merich in Kraft des heiligen Gehorsams
zur Annehmung dieses Amts zu betrei=
ben. Und so mußte sichs Emerich frey=
lich gefallen lassen, daß man ihn den
14ten Wintermonats als Bischof, als
des heil. röm. Reichs Fürsten, als Rath,
und als geheimen Conferenzminister des
Kaisers öffentlich erklärte. Ehe er noch
sein Ordenskleid ablegte, und seine Zelle
verließ, hielt er in seiner Klosterkirche
eine Dankrede, und zwar an seine Brü=
der für die ihm allzeit erwiesene Liebe;
an die übrigen Zuhörer aber für die Wohl=
thaten, die ihm und seinem Orden in
Wien erwiesen worden.

Als Bischof behielt er zween Ordens=
brüder um sich, einen als Beichtvater,
den andern als seinen Rathgeber in äu=
ßerlichen geistlichen Angelegenheiten. In
seinem 63sten Jahre 1685 den 23sten des
Hornungs starb er zum allgemeinen Leid=
wesen, da eben Kaiser Leopold bey dem
römischen Kirchenhaupt schon angehalten
hatte, ihn zur Cardinalswürde zu erheben.

Er

Er hatte die harte türkische Belagerung Wiens 1683 mit ausgestanden.

Er hinterließ eine Summe von 45000 Gulden, worüber er auch auf heftiges Zureden nichts anordnen wollte, sondern sagte, daß er auch als Bischof immer ein wahrer Sohn des heil. Franziskus im Herzen verblieben, dem es Gelübde halber nicht zustünde, mit zeitlichen Gütern zu disponiren. Hierauf hat Kaiser Leopold mit Einverständniße des Nuncius 30000 Gulden vom besagten Verlaß zur Bestreitung der damaligen Kriegsunkosten, die übrigen 15000 aber auf die Leiche, und zu Hilf der Armen verwendet. Er ist bey St. Stephan begraben worden, doch sein Grabmaal ist nicht zu finden, wenn es nicht etwann beym Antonialtar in der großen Fraukapelle unter den Stühlen verdeckt liegt.

Erneſt Graf von Trautſohn.
1685.

Er war ein Sohn Johann Franzens
Grafen von Trautſohn und Falken-
ſtein der kaiſ. kön. Majeſtät geheimen
Raths und Landmarſchalles im Erzher-
zogthum Oeſterreich unter der Ens,
und deſſen zweyter Gemahlinn Walbur-
ga Maximiliana, Tochter des Johann
Georg Fürſten von Hochenzoller. Den
26ſten Chriſtmonats 1533 erblickte er
das Weltlicht. Seine Großältern vom
Vater ſind Paul Sixtus Graf von Trautſohn, und Suſanna Veronika Gräfinn
von Meggau geweſen. Dieſer Paul
Sixtus war Ritter des goldnen Vlie-
ſes, geheimer Rath, oberſt Hofmarſchall,
Reichshofraths-Präſident, und ſo zu ſagen Stifter des Hauſes Trautſohn, nachdem er von Rudolph dem II in den Gra-
fenſtand erhoben worden, und die Primo-
genitur in dem aus Tyrol abſtammen-
den

den uralten ritterlichen trautſohniſchen
Hauſe errichtet hatte.

Den 24 Merzen 1685 hat der Kaiſer Leopold unſern Erneſt zum Biſchof
gewählet. Vorher war er Kanonikus
zu Salzburg und Straßburg. 1686
den 20ſten des Aprils hat er den erſten
Stein zur neuen Kirche bey Maria Hilf
geleget, und das Jahr darauf, als Joſeph König in Ungarn zur Kirche der
PP. Karmeliten auf der Leimgrube den
22 Auguſtmonats ebenfalls den Grund-
ſtein legte, hat Erneſt denſelben eingeweihet.

Dieſer Fürſt Biſchof hat die in Wien
befindlichen Epitaphien mit vieler Mühe
in ein Werk zuſammtragen laſſen. Es
enthält dieſes beſondere Manuſcript die
ſammentlichen Grabſchriften folgender
Kirchen: 1) St. Stephan, 2) St.
Magdalena auf den Stephans Freud-
hof, 3) bey den welſchen Münichen 4)
bey St. Michael, 5) bey St. Lorenz,
6) bey den Schotten, 7) bey St. Do-
theͤ,

rothe, 8) bey den Augustinern, 9) beym
Stoß am Himmel, 10) bey St. Ja=
kob, 11) bey St. Thomas, 12) im Amt=
hause, 13) bey der Himmelspforten, 14)
im Spital, 15) bey St. Peter: auch
die Wappen der Verstorbenen sind da=
bey entworfen.

Das Original wird bey der Familie
aufbehalten. Eine Copie davon befin=
det sich in Handen seiner Hochwürden
und Gnaden des Herrn Franz Paul von
Smitmer, des hochen Maltheserordens
Kommendators, und der wien. Metro=
politankirche zu St. Stephan Dom=
herrn, dem wir hier für eine Menge Nach=
richten und Beyträge, die er uns zu die=
sem Werklein so gütig als unermüdet
geliefert hat, öffentlich unsern schuldig=
sten Dank erklären; denn weil unser sel.
P. Xystus nicht wenige Lücken in der
Reihe dieser Bischöfe übergelassen hatte,
so wäre die Auflage seines Manuscripts
hier in Grätz ohne Beyhilf dieses in je=
dem Fache der Geschichten so bewander=
ten und höchst leutseligen Gelehrten platt
unmöglich gewesen. Er=

Erneſt wird wegen ſeiner Freygebig=
keit ſehr angerühmt. Viele geiſtlichen
Gemeinden haben ſelbe erfahren, beſon=
ders aber ſeine Domkirche, die er mit
Altären und anderen koſtbaren Auszie=
rungen verſchönert hat. Zum Gnaden=
bilde Maria von Pötſch hat er 6 große
ſilberne Leuchter, und Meßkleider ge=
ſchafft, die auf 6000 Gulden geſchätzet
worden. Die trautſohniſche aller Hei=
ligen = Kapelle hat er mit vielen heiligen
Reliquien beſchenket, welche ihm vom
Churfürſten aus Sachſen waren über=
ſchicket worden.

Noch wird von ihm angemerket, daß
er 1686 durch ſeinen Officialen eine bey
St. Stephan von Alters her übliche
Ceremonie abgeſchaffet hat. Man ſetzte
jährlich am Vorabend des heil. Johann
des Evangeliſten unter der Veſper vor
der untern Sakriſtey einen vom Holz ge=
ſchnitzten Engel aus, vor ſelbem brannte
eine Kerze. Den Engel ließ man bis
folgenden Tag ſtehen, da kamen die Dom=
herren nach dem Magnificat in Proceſ=
ſion

sion zum Engel herunter, stellten sich
in Reihen, alsdenn wurde ein besonders
Magnificat mit der dort über dem Sa-
kristeyeingang stehenden Orgel abgesun-
gen; alle Domherren angerauchet, und
zuletzt auf der Orgel ein Weihnacht-
lied geschlagen. Dieser Engel soll die
Ermahnung zu Joseph im Schlaf, mit
dem Kinde nach Aegypten zu fliehen,
vorgestellet haben. Cuspinian aber sagt,
dieß wäre zur Gedächtniß des heiligen
Johannes Evangelisten geschehen; weil
einige dafürhielten, dieser Apostel seye
auf der Insel Pathmos lebendig zu Grabe gegangen.

Ernest starb den 7 Jänner 1702,
nachdem er seiner Heerde durch 17 Jahre
mit Gelehrtheit und Tugend vorgeleuch-
tet hatte. Er wurde vor den Stäffeln
der großen Fraukapelle begraben.

Franz

Franz Anton
Graf von Harrach.
1702.

Dieſer Graf hatte zu Aeltern Ferdinand Bonaventura Grafen von
Harrach, Oberſt-Erblandſtallmeiſter in
Oeſterreich, Ritter des goldnen Vlie-
ſes, kaiſerlichen Konferenzminiſter, und
Obreſthofmeiſter; und eine gebohrne Gräfinn von Lamberg, Johanna Thereſia;
den 4ten Weinmonats 1665 war er gebohren. Die Tugend und Frömmigkeit,
die er ſchon als Kind zeigte, hat er auch
auf ſeinen Reiſen nach Welſchland und
Spanien immer erhalten. Er ſtudirte
zu Rom das Kirchenrecht und die Po-
lizeywiſſenſchaft, hatte auch bald in der
Jugend das Kanonikat zu Salzburg
und zu Paſſau bekommen.

Als ſein älterer Bruder Karl, beym
ſcherſenbergiſchen Regimente Haupt-
mann,

mann, im Jahre 1686 in den Lauf=
gräben vor Ofen mit einem Steinſchuß
erleget worden, ſuchte ihn ſein Vater
zu bereden, daß er vom geiſtlichen Stan=
de austrete, und die ihm nun zugefalle=
nen Rechte der Erſtgeburt genieße, gab
ihm auch ein Jahr Bedenkzeit hierüber.
Allein er blieb feſt bey ſeinem erſten Vor=
haben.

Der Cardinal Johann Philipp von
Lamberg machte ihn zum Generalvika=
rius, und im Jahre 1691 wurde er Dom=
probſt zu Paſſau; da wollte ihm Lam=
berg auch eine der beſten Pfarren dazu=
geben: aber Franz Anton, der ſie zwar
Anfangs mit Dank angenommen hatte,
gab ſie alſogleich wiederum auf, und mel=
dete dieſem ſeinen Herrn Vetter, daß
er dort, wo er nicht arbeiten kann, auch
nicht ärnten wolle.

Das Jahr darauf ernannte ihn der
Kaiſer Leopold zum Biſchof in Wien,
und er wurde zu Paſſau vom gemeldten
Cardinal Lamberg unter Beyſtand der
Suf=

Suffragane von Paſſau und Regensburg
zum Biſchof geweihet. Im Jahre 1703
den 22ſten April den zweyten Sonntag
nach Oſtern hat er ſeines Herrn Bru=
ders Kapelle im harrachiſchen Palaſt un=
ter dem Titel der unbefleckten Jungfrau
Maria geweihet.

Ganz Wien liebte ihn wegen ſeiner
Frömmigkeit, Mäßigkeit, und Milde.
Er hat die Ehrenbiethigkeit gegen das
Haus Gottes, welche von einigen leicht=
ſinnigen und freyeren Perſonen in ſeiner
Domkirche nicht genugſam beobachtet
wurde, wiederum hergeſtellet. Er hat
Zeit und Ordnung beſtimmet, wenn ſich
allda die Gottesdienſte anfangen, und
endigen ſollten. Er hat die vierzigſtündi=
ge Anbethung des heiligſten Altarsſa=
kraments eingeführet. Wo immer in
einer Kirche eine Feyerlichkeit war, hielt
er entweder das Hochamt, oder las doch
Meſſe alldort. Gar oft ertheilte er ſelbſt
dem andächtigen Volke die heilige Com=
munion. Kein Wunder iſt es daher,

G   daß

daß auch andere Kirchen sich diesen Vorsteher zu haben wünschten.

Im Jahre 1705 den 19ten Weinmonats hat ihn das salzburgische Domkapitel einhellig zum erzbischöflichen Koadjutor erwählet, weil nämlich der Erzbischof Johann Ernest aus den Grafen
von Thun erblindet war. Als er das
Jahr hernach die wienerische Infel ablegte hat ihm Kaiser Joseph der I durch
ein Diplome vom 13ten des Heumonats 1706 den Fürstentitel auch ferners-
hin bestättiget. Im Jahre 1709 starb
der Erzbischof Johann Ernest; und Johann Wenzl ein Kanonikus von den so-
genannten Schneeherren, und Konsisto-
rialmitglied zu Salzburg, bracht ihm
das Pallium samt den päpstlichen Briefen den 23 May. Da man zu Rom auf
Anfuchen Kaisers Karl des VI an dem
war, das wienerische Bißthum zu einem
Erzbißthume zu erheben, machte er zu
Gunste seiner salzburgischen Kirche zu
Rom seine Einwendungen datwider, gieng
auch hernach selbst nach Wien zum Kaiser

ser, damit er alle Pflichten seines Ober=
hirtenamts erfüllte, ob er schon wohl ein=
sah, daß er wider den Kaiser und Papst
nicht auslangen würde.

Die Salzburger rühmen besonders
seine genaue Sorge für die allgemeinen
Lebensmittel des Volks, und seine Gut=
thätigkeit gegen Arme Leute. Die Frau=
kirche sammt dem Vikariat in Flachau
hat er errichtet, selbst eingeweihet, und
mit Einkünfte versehen. Den 18 Heu=
monats 1727 gab er seinen frommen
Geist auf. Sein Leichnam blieb bis den
26 in seiner Hofkapelle ausgesetzt, und
wurde in der Domkirche bey St. Jo=
sephs Altare vom Bischof von Chiemsee
in einem zinnernen Sarge in das Grab
gebracht, welches er sich schon vor mehr
Jahren selbst zubereitet hatte. Sein
Eingeweid wurde in der Kirche der hei=
ligsten Dreyfaltigkeit, sein Herz aber
im Mirabell in der Kapelle des heil. Jo=
hannes von Nepomuck, die er besonders
verherrlichet hatte, beygesetzet.

G 2   Franz

Franz Ferdinand
Freyherr von Rumel.
1706.

Er stammte von den Reichsrittern von
Rumel, die nachmals von Kaiser
Joseph dem I in den Freyherrenstand erhoben worden, ab. Sein Geburtsort
war Weyden in der obern Pfalz; 1642
den 28sten des Weinmonats war er gebohren. Seine Studien sowohl der
freyen Künste als der Gottesgelehrtheit und der Rechte, hat er auf der hochen Schule zu Ingolstadt vollendet.
Auch in den Sprachen machte er so großen Fortgang, daß seine Uebersetzungen
aus dem Welschen, Französischen, und
Spanischen ins Deutsche wegen ihrer
Zierlichkeit mit vielem Beyfalle aufgenommen worden. Nachdem er fremde
Länder besucht hatte, sollte er auf Ver-
anlassung seines Vaters, der durch ihn
dem übrigen Geschwister Hilf schaffen
woll-

wollte, sich in Staatsfachen üben. Er
stellte sich deßwegen dem Pfalzgrafen von
Neuburg, seinem Landesfürsten, vor. Es
fand sich aber nicht sogleich ein für ihn
anständiges Amt. Die Vorsicht hatte
mit ihm etwas höheres vor. Als er unterdessen bis auf weitere Bestimmung
seines künftigen Lebens sich zu Ivan,
einem an den welschen und tyrolerischen
Gränzen gelegenen Schloß aufhielt, hatte er Gelegenheit, mit den Vätern des
seraphischen Ordens des heiligen Franziskus, die sich zur strengeren Regel be-
kennen, eine genauere Bekanntschaft zu
machen. Ihre Armuth und Buß ent-
zündeten in ihm ein Verlangen zu dieser
Lebensart, also zwar, daß er auch in
ihren Orden aufgenommen zu werden
begehrte. Es wäre dieses auch geschehen, wenn nicht der Widerspruch seines
Vaters und die hieraus erfolgte ver-
nünftige Verzögerung der geistlichen O-
beren ihn veranlasset hätten, den Willen
Gottes genauer zu untersuchen. Denn
obwohl ihm bey der Zurückkunft aus
Welschland der berühmte P. Markus

von

von Wien gesagt hatte; er solle ein
Geistlicher werden, so würde er ein gro=
ßes Glück in der Welt machen, so hat
es sich doch nach der Zeit gewiesen, daß
hiedurch nicht der Ordensstand zu ver=
stehen war. Nach weiterer Berathschla=
gung mit Gott trat er im 35 Jahre sei=
nes Alters in den Weltpriesterstand, und
wurde zu Felden geweihet. Man hat a=
ber durch seine ganze Lebenszeit immer ei=
nige Ueberbleibsel seines ehemaligen Ver=
langens verspüret; der Gebrauch von al=
lerhand Bußzeuge, die Einsamkeit in dem
väterlichen Hause, das frühe Aufstehen,
die Vergnügung mit seinen Renten ohne
aller geistlichen Pfründe, bis es Gott
anders verordnete, sind Zeugen genug,
daß er den Geist des Ordens, zu dem er
Lust gehabt hatte, allzeit behalten. Ja
die Väter dieses Ordens hatten nachmals
an seiner Erhöhung nicht mindere Vor=
theile, als ob er ihr Mitglied gewesen
wäre. Nach einer siebenjährigen Ein=
samkeit eröffnete sich ihm ganz unverse=
hens die Pforte zu höheren Dingen; denn
im Jahre 1684, als Kaiser Leopold für
sei=

seinen durchlauchtigsten Prinzen, Her=
zogen Joseph einen tauglichen Lehrmei=
ster und Obsichtshaber suchte, wurde
Franciskus von dem damals in Wien
gegenwärtigen Pfalzgrafen vorgeschla=
gen. Der eben an selbem Tage nach
Hof kommende P. Markus, der von
dem gemachten Vorschlag gar nichts wu=
ßte, nannte dem Kaiser gleichfalls un=
sern Rumel, dessen Name er auf seiner
Schreibtafel aufgezeichnet vorwies; und
so wurde die Sach durch diese wunder=
liche Schickung beschlossen. Die Worte,
mit welchen ihm Leopold die Wichtig=
keit seines Amtes vorstellte, sind merk=
würdig: Hiemit übergeben wir euch
unsern kaiserlichen Prinzen, und mit
ihm das römische Reich, sehet zu, daß
ihr ihn wohl erziehet. Diese Erziehung
gieng gut, und mit Vergnügen des Prin=
zen vonstatten, doch mit der Zeit tha=
ten sich einige Zwistigkeiten wider seine
Person bey Hofe hervor; diese kamen
so weit, daß er sich von dannen entfern=
te, und ihn Niemand zur Zurückkehre
bewegen konnte, als nur sein kaiserlicher

Lehr=

Lehrling, der mit vielen Vorstellungen,
Erhebung seines Fleises und Eifers, und
zuletzt auch mit der Erklärung, daß er
keinen andern Unterweiser annehmen
würde, die Sache erstens beym Kaiser,
und hernach bey Franciskus dahin brach=
te, daß dieser sein Amt wiederum bis
1696 fortsetzte. Nachmals folgten
die Belohnungen; er wurde noch sel=
bes Jahr Bischof zu Tinnan, Probst
zu Altbunzel in Böhmen, und zu dem
heiligen Kreuze in Breslau, auch Scho=
lastikus zu Großgloggau, denen hernach
die Probstey zu Ardacker beygesellet wur=
de. Als im Jahre 1706 der wieneri=
sche bischöfliche Sitz leer wurde, ernann=
te ihn Joseph zum Zeugniß seiner Dank=
barkeit zu dieser Würde; die Besitzneh=
mung geschah den 12ten des Christmo=
nats. Er wurde nnter Begleitung der
ganzen Klerisey, und Läutung der Glo=
cken aus dem bischöflichen Hofe in die
Domkirche geführet, und hatte die Ehre,
bey den Ceremonien und Gottesdienste
den Kaiser und die Kaiserinn gegenwär=
zu sehen.

In

In diesem Amte lernte man seine
Tugend noch mehr kennen. Er legte seine vorigen Pfründen und Würden hin-
weg, begab sich auf die ganze Erfüllung
seines hirtlichen Amtes, und that alles
in Person, was nur seine Kräften ver-
mochten. Die Kirchen im Lichtenthall
und zu Niklasdorf, alle Altäre der neu-
geweihten Kirche des Kollegiums hat er
geweihet. Zum Kalvarienberg bey Hernals hat er den ersten Stein gelegt.
Er veranstaltete, daß das hochwürdige
Gut mit mehreren Fackeln zu den Kranken getragen wurde, und man hat zu-
weilen derer bis hundert gezählet. Er
verordnete, daß alle Sonntage in seiner
Domkirche Nachmittag die christliche
Lehre ausgeleget wurde.

Die Eheverlobnissen zwischen unglei-
chen Glaubensgenossen wollte er nicht zu-
lassen, oder wenigstens mußten die Kin-
der in der katholischen Lehre erzogen werden. Sehr stark drang er darauf, daß
die weltliche Geistlichkeit lange Kleidung
trug. Zeit seiner Verwaltung wurde
zum

zum Troſt der Sterben den bey St. Ste=
phan das Zügenglöcklein eingeführet.
Zur Hilf des kranken Frauenvolkes ſind
damals die Eliſabethinerinnen nach Wien
gekommen. Die Verſammlung der Phi=
lippiner zu Wien hat er den 12 Hornung
1707 beſtättiget, und in ſeinen Schutz
genommen. Er befließ ſich gelehrte
Theologen um ſich zu haben, unter wel=
chen Adolph von St. Georg aus dem
Orden der frommen Schulen, nach=
maliger Biſchof zu Raab, hervor=
leuchtete.

Man machte ſich Hoffnung, ihn noch
als Cardinal zu ſehen; allein er mußte
Joſeph ſeinen Gönner und Beförderer
den 20 April 2711 ſelbſt begraben hel=
fen, und die geänderten Umſtände ſammt
den erfolgten Krankheiten machten dieſe
Hoffnung eitel. Sein Spruch war im=
mer: Was Gott will. Faſt das ganze
letzte Jahr ſeines Lebens kam er in kein
Bett, ſondern mußte Tag und Nacht
im Seſſel ſitzen. Man hörte ihn da=
mals öfter ſagen: Aus Liebe deiner, o
Gott!

Gott! will ich entweder leiden, oder
sterben. Endlich den 15ten Merzen A-
bends zwischen 4 und 5 Uhr hat er im
Jahre 1716 seinen Geist aufgegeben.

In seinem Testamente vermachte
er für die Armen 1000 Gulden, der
Kirche bey St. Stephan einen Ornat
von 4000 Gulden, und der Bruderschaft des Fronleichnams 400 Gulden.
Er stiftete eine ewige Meß in Tyrol,
und für sich befahl er 3000 Messen zu
lesen. Den 19ten darauf wurde er bey
St. Stephan begraben.

Er war immer gleich im Glück und
Unglück, so daß er bey derley Abwechs-
lungen nicht einmal das Angesicht ver-
änderte. Es hassete die Zweydeutigkeit
ganz besonders. Die Leidenschaft des
Zorns war ihm so fremd, als ob er gar
keine Galle gehabt hätte. Die Rede
bey seiner Leichbesingniß hielt P. Igna-
tius Reifenstuel der Domprediger. Die
Schrift auf seinem Grabmaale, die er
selbst

ſelbſt aufgeſetzet, und in ſeinem Teſta=
mente verordnet hat, iſt folgende:

Si aliquid ex nihilo cernere cupis,
ſiſte, & aſpice
cineres
Franciſci Ferdinandi
ex Baronibus de Rumel,
quondam
Epiſcopi Viennenſis, S. R. I. Principis.
Si
Miſericordia tangeris, ora pro ejus
anima.

Der Stein wurde Anfangs in der
großen Fraukapelle aufgeſetzet, aber im
Jahre 1764 an die erſte Saule des Mu=
ſikchors übertragen, damit das Traut=
ſohniſche Platz hatte.

Die

Die
Erzbischöfe.

Sigismund

Graf von Kollonitsch 1716 Bischof, 1723 Erzbischof.

Im Jahre 1676 war er gebohren. Die philosophischen und theologischen Wissenschaften lernte er in Rom, wo er auch der heiligen Schrift Doktor geworden. Man hat ihn schon damals wegen seiner Beflissenheit und Tugend hoch geschätzet. 1699 wurde er nach vorgegangenen geistlichen Uebungen in Wien zum Priester geweihet. Sein erstes heiliges Opfer hat er den 15ten Weinmonats bey den Karmelitinnen zu St. Joseph, allwo seine Schwester, vormalige Hofdame, eine Klosterfrau war, in Gegenwart der kaiserlichen Majestäten

Leo=

Leopolds und Eleonoren entrichtet; die
Erzherzoginn Elisabeth hat ihm dabey
den Kranz gegeben.

Sar bald stieg er zu anderen Wür=
den auf. Die erste war eine Domher=
renstelle zu Gran, worauf er bald als
Titularbischof von Skutari ernannt,
auch zu den Staatsgeschäften als Rath
gezogen worden. Im Jahre 1708 war
er wirklicher Bischof zu Waizen. Diese
Kirche hatte sich noch nicht ganz von den
barbarischen Zerstörungen erhollet. Si=
gismund bauete neue Altäre, verschaffte
bischöfliche Ornate, priesterliche Kleider,
goldne Kelche, Monstranzen, und an=
dern vornehmeren Kirchenzierat. Er rei=
nigte die Residenzstadt von den Ketzern,
sstiftete allda ein Kollegium der Väter
der frommen Schulen, richtete neue
Pflanzstätte der geistlichen Jugend auf,
vermehrte die Domherren, und verbes=
erte ihre Einkünfte.

Kaiser Karl der VI berufte ihn 1716
zur wienerischen Insel mit so großem
Ver=

Verlangen ihn zu sehen, daß ihm noch
vor der Erhaltung der päpstlichen Bullen, als ernannten Bischofe aufgetragen
wurde, am Tage der Himmelfahrt bey
dem Hervorgang der Kaiserinn Elisabeth
das Amt zu halten, und den 15ten des
Heumonats die auf der Donau wider die
Türken verfertigten sieben Schiffe zu
weihen. Clemens der XI hat ihn mit
Freude bestättiget, und den 18 Augustmonats war die Sitzeinnehmung in Gegenwart beyder Majestäten bewirket.
Es warteten aber auf Sigismund noch
viele andere Würden, die ihn bey seiner Heerde verewigen sollten.

Nachdem man schon eine Zeit lang
gesucht hatte, die wienerische Kathedralkirche zur Metropolitan zu erhöhen, ist
dieses unter Sigismund von Innocenz
dem XIII 1722 den 1sten Brachmonats
wirklich erhalten worden. Die Verkündigung der Bulle, und Antretung
der neuen Würde geschah folgendes Jahr
am St. Mathiastage, und unserm Sigismund wurde das erzbischöfliche Pallium

ſium von Johann Mauriß Grafen Mon=
derſcheid von Blankenheim neuſtädteri=
ſchem Biſchofe umgegeben. Benedikt der
XIII trug auch zur Erhöhung dieſes Hir=
ten bey, er ernannte ihn den 26 des
Wintermonats 1727 zur Cardinalswür=
de, und Kaiſer Karl ſeßte ihm den 4ten
April folgendes Jahr das überſchickte Bi=
ret auf. Nachmals folgte das Amt
eines Oberinquiſitors in Sicilien, und
im Jahre 1738 eines Protektors von
Deutſchlande. So viele Hochſchäßung
zeigten ihm die römiſche Päpſte, und
der Kaiſer.

Nicht mindere Ehre erwies ihm Ma=
ria Thereſia unſre große Frau, als ſie
die Regierung ihrer Lande antrat. Sie
vergaß es niemals, daß er ſie im Jahre
1717 den 13 May getauft hatte; be=
ſonders aber wollte ſie ihre Neigung zei=
gen, da ſie 1749 den 22ſten Weinmo=
nats der Feyerlichkeit ſeines prieſterli=
chen Jubeljahrs mit ihrem kaiſerlichen
Gemahl beygewohnet, an ſeiner Tafel
geſpei=

gespeiset, und ihn mit einem kostbaren
Kreuze beschenket hat.

Er starb nach einer langwierigen ab-
zehrenden Krankheit 1751 den 12 April
Morgens zwischen 2 und 3 Uhr, als er
eben Tages zuvor die Jubiläumsandacht
beschlossen, und in der Hauskapelle das
heilige Meßopfer gehalten hatte. Seine Leiche führte sein Nachfolger den 13
April Nachmittag um 4 Uhr.

Die berühmtesten Redner seiner Zeit
haben zu seinem Lobe herrlich gesprochen,
doch sein Eifer für die Religion, die
Haupttugend eines Bischofs, ist zu wenig gerühmt worden. Diese Tugend hat
sich an ihm sehr hell und ausnehmend
gezeiget. Denn er war nicht nur beflis-
sen, die irrenden Schäflein zurück zu füh-
ren, sondern munterte auch andere auf,
sich in einem so gottseligen Werke zu üben.
Kam es auf eine Gefahr an, daß seine
Schäflein möchten verführet werden, so
mußte alles Ansehen der Menschen weichen. Das Amt eines Inquisitors von
H   Si-

Sicilien dauerte zwar nicht lang; so
lang es ihn aber angieng, hielt er mit
seinen Räthen, die er sorgfältig ausge-
sucht hatte, ordentliche Versammlun-
gen. Als viele Irrgläubige in sein
Bißthum einzudringen anfiengen, über-
gab er dem Kaiser Karl seine Religions-
beschwerden, die so verfasset sind, als
man sie von einem Hirten, wie Sigismund war, erwarten konnte. Er erinnert sich in selben Anfangs seiner Schul-
digkeit und der strengen Verantwortung,
die er zu erwarten hätte, so er nicht reden würde; hierauf stellet er das ruhm-
würdigste Verhalten der glorreichen Ah-
nen des habsburgischen Hauses vor, als
welche ehe alles eingestunden, als, daß
die Religion im mindesten sollte einen
Schaden leiden. Er zeiget weitläuftig
die bösen Früchten des glimmenden Ue-
bels, und beweiset, daß selbes den Gesetzen voriger Kaiser zuwiderlaufe, der
katholischen Sache aber den größten
Schaden verursache. Besonders han-
delt er von der Einführung schlechter
Bücher, durch welche vielen unter dem
Schei-

Scheine der Wissenschaften Gift beyge=
bracht wird.

Als sich einsmals eine geheime Ge=
sellschaft in Wien auf eine böse Art ver=
sammelte, ruhete er nicht, bis sie auf
höchsten Befehl aufgehoben, gebührend
gestraft, und nach Bereuung des Feh=
lers durch ihn selbst vom Kirchenbanne
losgesprochen worden. Er zeigte all=
zeit große Ehrerbiethigkeit für die Gesetze
der Kirche. Zweymal hat er sich nach
Rom begeben, das Grab der Apostel=
fürsten zu besuchen; nämlich im Jahre
1730, und 1740; auch hat er alles
Mögliche zur Erhaltung der Einigkeit
der Kirche beygetragen.

Die Mißbräuche und üblen Sitten
waren ein Greul in seinen Augen. Es
hatte seiner Zeit die Unehrerbiethigkeit im
Hause Gottes so sehr eingerissen, daß
auch die eifrigsten Prediger dem Uebel
nicht mehr steuern konnten. Man kam
so weit, daß man sich erfrechte, diesen ge=
heiligten Ort zum Tempel der Unehrbar=

keit

keit zu machen. Dieser Hirt aber, durch
den Eifer seines Monarchen des Kaiser
Karls unterstützet, brachte es zuwegen,
daß eigentliche kaiserliche Aufseher bestel=
let wurden, die den Gewalt hatten, an je=
dermann, wessen Standes er immer wäre,
alles das zu ahnden, was der Ehre des
höchsten Gottes zuwider seyn konnte.

Damit hingegen die Andacht gegen
Gott und seine Heiligen zunehme, sparr=
te er keine Mühe noch Unkosten. Un=
ter ihm ist das vierzigstündige Gebeth in
ganz Wien eingeführet worden; er wohn=
te solchem selbst bey, und munterte hie=
durch seine Schäflein zur Nachfolge auf.
Er hat das Läuten und Bethen zur Er=
innerung der Todesangst des Erlösers
auf alle Donnerstage Abends nach dem
gewöhnlichen Zeichen der Verehrung der
Mutter Gottes und alle Freytage frühe
um zehn Uhr eingeführet. Er hat es
durchgesetzet, daß an den hochen Fest=
tagen des Dreyeinigen Gottes, des Er=
lösers, und der Gottesmutter aller öf=
fentliche Handel eingestellet, die Kaufla=
den

den, Gewölbe, und Fleischbänke gesper=
ret worden. Er hat die neuntägige An=
dacht bey St. Lorenz, und noch einige
andere eingeführet. Er hat nicht we=
niges beygetragen, daß die Heiligspre=
chung des christlichen Blutzeugen Jo=
hannes von Nepomuck befördert wor=
den. Er hat erhalten, und anbefohlen,
daß die Verehrung des heil. Königs und
Martyrers Sigismunds, der heiligen
Jungfrauen und Martyrinnen Dorothea
und Veronica, und einiger anderer, theils
in seinem ganzen Kirchensprengel, theils
in der Stadt Wien, oder Metropolitan=
kirche, mit Tagzeiten und Messe began=
gen wurde.

Nicht weniges hat er auf Kirchenzier=
den verwendet; die Kirche zu St. Veit
hat er erbauet. Den Armen gab er, was
er nur mochte, und noch zuletzt hat er ih=
nen seinen Garten gewiedmet. Auf seinem
Gut zu Gleystorf in Steyermarkt hat er
die PP. Piaristen gestiftet; in Wien a=
ber ihre Kirche zu einer Pfarre erhoben.
Er hat auch das Protektorat über den

Or=

Orden des heiligen Einsiedlers Paulus
auf sich genommen. Im Jahre 1717
den 13 May hat er die Kirchenceremo=
nien gehalten, als die verwittwete Kai=
serinn Amalia den ersten Stein zum Klo=
ster der Salesianerinnen legte. 1723
den 24 Herbstmonats hat er die Kirche
B. M. V. de Mercede im spanischen Spi=
tal, und 1732, nach einer von den Kar=
melitinnen ausgeführten Proceßion, den
19 Merzen die Saule der Vermählung
Josephs mit Maria auf dem hochen
Markte geweihet. Auch die Kirche der
PP. Piaristen hat er 1735, und die
prächtige St Karlskirche 1737 consecri=
ret. Er war der letzte aus seiner Fa=
milie, und hat mit Erlaubniß des Kai=
sers Karl den Graf Zai de Zejeda in
selbe aufgenommen.

Jo=

Johann Joseph
Graf von Trautſohn.

1751.

Dieſer Graf iſt den 27 des Heumonats im Jahre 1704 zur Welt
gekommen; man ſah bey ihm ſchon in
zarter Jugend jenes aufkeimen, was
ſich nach der Zeit ſo lobwürdig geäußert
hat. Er widmete ſich dem Herrn frü-
hezeitig, wurde Domherr zu Salzburg,
Paſſau, und Breslau, Probſt zu Ardacker, und Abt zu Sexard. Joſeph
Graf von Lamberg, Fürſt und Biſchof
zu Paſſau, jener große Hirt, der für
ſich ſelbſt keine Mühe noch Schweis ach-
tete, ſeinem Kirchenſprengel gut vorzu-
ſtehen, ernannte ihn zu ſeinem Officialen unter der Ens. Dieſes Amt verwaltete Joſeph mit ſolcher Beſcheiden-
heit und Eifer, daß er die wahren Rechte
der Kirche immer feſtgehalten, und die
Streitigkeiten ohne vieler Mühe beyge-

H 4   leget

leget hat. Viele gute Geſetze und Verordnungen hatte ihm dieſer Diſtrikt zu
verdanken. Man machte ſich Hoffnung,
ihn lang bey dieſem Amte zu benutzen,
auch er ſelbſt gedachte auf keine höhere
Würde.

Auf einmal verlangte ihn Sigismund
der Cardinal und Erzbiſchof von Wien
zu ſeinem Mitgehilfen. Es brauchte a-
ber ſehr vieles, bis Joſeph dieſen An-
trag annahm. Etlichemal mußte Sigismund zu ihm ſchicken, bis er ſich bewegen ließ, nur den Vortrag anzuhören.
Doch die Vorſtellungen waren ſo wich-
tig, daß er ſich zuletzt ergeben mußte.
Er ließ ſich endlich am heiligen Weih-
nachtstag zum Mitgehilfen und carthagi-
nenſiſchen Erzbiſchof weihen. Die we-
nigen Monate, die er in dieſer Stelle
zugebracht hat, waren, ſo zu ſagen, die
Probezeit, in welcher er dieſe ſeine künf-
tige Kirche beſſer kennen lernte. Kaum
hatte er aber die Wirklichkeit eines wieneriſchen Erzbiſchofs angetreten, ließen
ſich gleich Wirkungen ſeines Eifers für
die

die Aufrechthaltung seiner Kirche spüren.
Sein erster Brief, mit welchem er seine Erhebung der in diesem Kirchensprengel sich befindenden Geistlichkeit und
christlichen Gemeinde ankündigte, ist voll
mit Ausdrücken einer wahren Demuth,
einer genauen Känntniße seines Amtes, eines heiligen Verlangens, daß
sich alle bestrebten, ihm durch Mitarbei-
ten und gutes Beyspiele beyzustehen.
Vor anderen ermahnte er die Prediger,
daß sie das Volk in den Schuldigkeiten
des Gehorsams gegen seine Fürsten und
Obrigkeiten, wie auch in den Pflichten
gegen den Nebenmenschen wohl unter-
richten sollten, u. d. g. Allein dieß war
nur eine Vorbereitung.

Folgendes Jahr fieng er mit einem andern Hirtenbrief an; in diesem
erinnert er alle, die das Wort Gottes
vortragen, der Schwere ihres Amtes,
zu dem sie Gott berufen hat. Er schärft
ihnen ein, dieses seye das Nothwendige:
Recht glauben; recht thun; und die
Seele retten. Er bedauert die gemeinen
Leu-

Leute, welche, in den Grundsäßen des
Glaubens schlecht unterrichtet, auf un=
terschobene Offenbarungen, auf nicht
geprüfte Wunderwerke oder abergläu=
bische Thorheiten mehr halten, als auf
Gottes Wort und Evangelium; welche
durch alle Kirchen den Ablässen nachlau=
fen, ohne zu wissen, was ein Ablaß seye,
oder was zu Gewinnung dessen erfodert
werde; welche in besonderen Andächte=
leyen, Verehrung eines Heiligen, oder
Bildes mehr Hoffnung setzen, als in den
Verdiensten Jesus Christus; welche sich
mehr fürchten, die Gesetze einer Bruder=
schaft, als die Gebothe Gottes zu über=
treten. Solche Fehler, sagt er weiter
in diesem Briefe, schleichen durch die
Prediger ein, welche zwar von den Hei=
ligen, die sie zu loben haben, wohlbere=
det, von dem Heiligen der Heiligen a=
ber stumm sind, welche die Verehrung
gnadenreicher Bilder mit allem Fleise
anrathen, den Brunn aber aller Gna=
den, und die einzige Ursache unsrer Recht=
fertigung vernachläßigen, welche die Ab=
lässe und Freyheiten übermäßig erheben,

von

von den Gebothen Gottes und der Kirche aber wenig oder gar nichts melden.
Es seye zwar nützlich zu seiner Zeit vom
Lobe und von der Anrufung der Heiligen, Verehrung gnadenreicher Bilder,
Kirchfarten, Ablässen und Bruderschaf-
ten zu reden, doch solle es nicht über-
trieben seyn; man solle keinen Heiligen
über andere erheben, noch weniger selbe
unserm einzigen Mittler Christus gleich-
machen, oder solche Geschichten beybrin-
gen, welche den einfältigen Zuhörer dahin bringen könnten, daß er sich seines
Heils vergewißt zu seyn glaube, wie er
immer schon sonst leben mag, wenn er
nur diesen oder jenen Heiligen verehret,
diese oder jene Bildniß öfter besuchet,
in diese oder jene Bruderschaft eintritt.
Hierauf verwirft er jenen unbesonnenen
Eifer einiger Prediger, welche wider
die höchsten Obrigkeiten, Regierungs-
form, allgemeine Gesetze oder Beschwerden des gemeinen Wesens sich heraus-
lassen, da sie doch hiedurch keine andre
Frucht haben, als daß sie einige schwie-
rigen Gemüther mehr entristen, und zu
öffent-

öffentlichen Unruhen Anlaß geben. Ganz anders habe der Apostel gelehret, dessen Worten sie vielmehr folgen sollten. Endlich bestraft er die Prediger, die sich der Eitelkeit ergeben, ihre Reden nur aufzubutzen suchen, ungereimte Dinge erzählen, verwegene Auslegungen der heiligen Schrift machen, ja so gar sich auf der Kanzel als auf einem Theater verhalten. Alle diese Fehler seyen weiter zu nichts, als zu mehrerer Abwendung der Irrgläubigen von der wahren Kirche Gottes, ja sie wären nicht einmal von den Heyden geduldet worden.

Und dieser ist jener merkwürdige Hirtenbrief, welcher bey den Lehrbegierigen viel Gutes geschaffet hat; von einigen Unkatholischen aber sehr albern ist aufgenommen worden. Diese übersetzten ihn in die deutsche Sprache, sie wollten etwas darinn gefunden haben, was ihrer Lehre gleich käme; aber sie gaben hiedurch an Tag, daß sie entweder die Grundsätze der katholischen Lehre nicht begreifen, oder muthwilliger Weise zan=

ken

ken wollten. Auswendige und innlän=
dische gelehrte Männer haben durch ihre
Schriften die Richtigkeit der Lehre die=
ses Hirtens verfochten. Weiters hat
er noch viele andere gottselige Verord=
nungen herausgegeben, welche die Hei=
ligkeit der Kirchenzucht, die Vermeh=
rung der Andacht, die Ausrottung der
Mißbräuche betraffen. Er sah nämlich
seine Kirche als einen fruchtbringenden
Acker an, bey welchem man aber allzeit
acht haben müßte, daß nicht zugleich das
Unkraut mitwachse. Gleichwie aber die
Unwissenheit, oder auch der schlechte Ge=
schmack in göttlichen Wissenschaften bey
den Dienern des Worts große Hinder=
nissen in geistlichen Früchten verursachet,
so war dieser Hirt äußerst besorget, daß
sich seine Geistlichkeit in bessern Wis=
senschaften mit mehrerer Anstrengung
übte. Er selbst war ausbündig gelehrt,
verstund die hebräische und griechische
Sprache, war Doktor der heil. Schrift,
las beständig nützliche Bücher, sammel=
te sich eine ansehnliche Bibliothek, von
der

der er einen Theil an die erzbischöfliche
Bücherey vermachte; ja wenn ihn nicht
einige geänderte Umstände, und der frü=
hezeitige Tod verhindert hätten, würde
er alle seine Bücher, nach seiner ersten
Meynung, an selbe überlassen haben.
Einige zur Naturlehre gehörige Instru=
mente hat er der Universität vermachet.

Ein untrügliches Zeugniß der richti=
gen Hochschätzung seiner Gelehrtheit gab
die Kaiserinn Königinn Maria Theresia,
da sie ihn 1753 zum Beschützer der er=
neuerten Studien bey der wienerischen
Universität ernannt hat. Er ließ sich
auch dieses ihm anvertraute Geschäft,
besonders von Seite der Theologie, also
angelegen seyn, daß er bey den monatli=
chen gelehrten Abhandlungen meistens
selbst in der Versammlung der Gottes=
gelehrten erschien. Im Jahre 1756 den
5ten April wurde er von Papst Bene=
dikt dem XIV in die Zahl der Cardinäle
aufgenommen, und empfieng den 10ten
des Heumonats aus den Händen der Kai=

ferinn in der Hoffkirche das Biret; al=
lein diefe Ehre war von ſehr kurzer
Dauer; denn als er zu Anfang des
Chriſtmonats deſſelben Jahrs von einem
heftigen Schlagfluße berühret worden,
erfolgte eine beſtändige ſchwere Krank=
heit, die ihn endlich den 10ten Merzen
1757 aus dieſer Welt hinwegriß. Sein
Leib wurde bey St. Stephan in der
großen Fraukapelle vor den Staffeln be=
graben, wo der Grabſtein mit folgenden
Buchſtaben zu ſehen iſt:

I.

S. R. E. P.

C. T. C. I.

F. A. E. V.

S. R. I. P.

A. 1 7 5 7.

Das

Das ist:

Josephus Sacræ Rom. Ec-
clesiæ Presbyter Cardinalis
Trautsohn, Comes in Fal-
kenstein, Archi - Episcopus
Viennensis, Sacri Rom. Impe-
rii Princeps. Anno 1757.

Zu deutsch:.

Joseph der heil. römischen Kir=
che Cardinal Trautsohn, Graf in
Falkenstein, Erzbischof zu Wien,
des heil. römischen Reichs Fürst.
Im Jahre 1757.

Chri=

Chriſtoph Anton
Graf von Migazzi.

1757.

Neun Tage nach dem Tode des Erzbi=
ſchofs und Cardinals Trautſohn hat
Ihre kaiſerl. königl. apoſtol. Majeſtät
Maria Thereſia die leer gewordene ho=
che Stelle in der würdigſten Perſon des
Grafen Chriſtophs Anton von Migazzi
von Waal und Sonnenthurn, wirkli=
chen Biſchofs zu Waizen erſetzet. Die=
ſer Erzbiſchof und Fürſt der nunmehr
ſeit den 19ten Merzen 1757 der wiene=
riſchen Kirche mit großer Wachſamkeit
und Eifer vorſteht, iſt von Seiner Hei=
ligkeit Klemens dem XIII, ſel. Gedächt=
niß, den 23 Wintermonats 1761 zum
Cardinal der heil. röm. Kirche ernannt
worden, und hat das Jahr darauf den
2ten Merzen das rothe Biret aus den
Händen der Kaiſerinn empfangen.

J   Die

Die Menge seiner schönen Handlun-
gen und Bestrebungen für die Ehre Gottes und seine heilige Kirche liegt dem
wienerischen Bürger täglich vor Augen,
und es scheint überflüßig zu seyn, selbe
nach der Reihe her in diesem Werklein
zu erzählen, als in welchem man nur
von den Verstorbenen zu handeln sich
vorgenommen hat. Die Nachwelt wird
an ihm nicht weniger zu loben finden,
als wir von wemimmer seiner
Vorfahren erzählet haben.

Gräz, gedruckt bey den widmanstätte-
rischen Erben.